KB201923

믿음

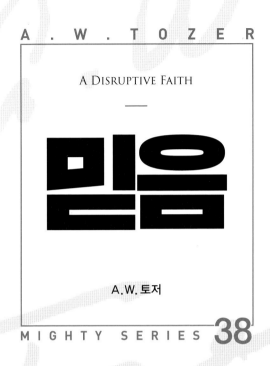

A. W. TOZER

A DISRUPTIVE FAITH

———

믿음

A.W. 토저

MIGHTY SERIES 38

규장

Originally published in English under the title

A Disruptive Faith

by A. W. Tozer

Copyright ⓒ 2011 by James L. Snyder
Published by Bethany House Publishers
a division of Baker Publishing Group,
Grand Rapids, Michigan 49516 U.S.A.
All rights reserved.

This Korean Translation Copyright ⓒ 2025 by Kyujang Publishing Company

A. W. 토저 마이티 시리즈(A. W. TOZER Mighty Series)

토저는 교인수의 성장을 위해서라면 대중의 인기에 야합하고, 거대 기업의 경영방식을 무차별 차용하고, 할리우드 엔터테인먼트 방식을 예배에 도입하는 것에 대해 통렬한 비판을 가하였다. 그는 현대의 교회가 물량적 성장을 위해서라면 교회의 순결성을 포기하는 듯한 자세를 보일 때는 그것을 좌시하지 않고 언제나 선지자의 음성을 발하였다. 듣든지 안 듣든지 이스라엘 교회의 세속화를 준열히 책망했던 예레미야처럼, 토저도 시대에 아부하지 않고 하나님교회의 순정성(純正性)을 파수하기 위해 '강력한'(Mighty) 말씀을 선포했다. 그래서 토저는 '이 시대의 선지자'라는 평판을 들었다. 토저가 신앙의 개혁을 위해 외쳤던 뜨겁고 강력한 메시지를 이 시대의 우리도 들어야 한다. 말씀과 성령에 의한 개혁이 절실히 필요한 이때, 규장에서 토저의 강력한(Mighty) 메시지들을 'A. W. 토저 마이티(Mighty) 시리즈'로 출간한다.

"토저의 설교는 설교단에서 발사되어 청중의 마음을 관통하는 레이저 광선과 같다." – 워런 위어스비

하나님을 볼 수 있게 해주는 믿음

사람들은 '믿음'에 대해 너무 가볍게 이야기하는 경향이 있다. 어떤 이들은 믿음이 모든 문제를 해결해줄 수 있는 만병통치약이자 '당신이 원하는 것을 하나님으로부터 얻어내기 위한 수단'이라고 소리 높여 외친다. 현대 기독교의 사역들은 '어떻게 하면 사람들이 하나님께 원하는 것을 믿음으로 얻어낼 수 있는가?'를 가르치는 데 집중되어 있다. 이런 것이야말로 A. W. 토저 박사가 지극히 불쾌하게 여기는 것이다!

짐작하겠지만 토저는 이런 식의 신앙관을 완전히 반대한다. 토저의 사역이 오늘날 기독교에 얼마나 중요한 교훈을 주는지 알면 깜짝 놀랄 것이다. 토저는 1963년에 세상을 떠났지만, 그의 메시지는 최근에 설교한 것처럼 새롭고 이 시대에 적용된다. 그는 진정 문제를 정확히 꿰뚫어 보는 선지자였다. 토저가 증명한 한 가지가 있다. "만일 어떤 것이 새롭다면 참되지 않을 것이고, 만일 어떤 것이 참되다면 그것은 새로운 것이 아니다"라는 것이다. 이것이야말로 솔로몬이 오래전에 했던 말이 옳음을 증명해주는 것이 아니겠는가?

이미 있던 것이 후에 다시 있겠고 이미 한 일을 후에 다시 할지라 해 아래에는 새것이 없나니 _전 1:9

토저는 사역하는 동안 오래된 우물에서 신선한 물을 끊임없이 길어냈다. 그는 역사상 하나님을 향해 목마르고 굶주린 사람들의 뒤를 따랐다. 그의 일생을 관통한 열정을 나타낸 성경 구절을 찾으라면 이것이다.

> 하나님이여 사슴이 시냇물을 찾기에 갈급함같이 내 영혼이 주를 찾기
> 에 갈급하니이다 _시 42:1

그의 사역은 하나님을 찾는 갈급함에서 자연스럽게 흘러나
왔고, 그런 갈급함을 느끼는 사람들의 마음을 시원케 했다.
토저의 이 책에는 교회 역사에 등장했던 옛 성도들과 신비 사
상가들의 말을 인용한 글이 간간이 섞여 있어 그의 메시지를
더욱 풍성하게 한다.

토저는 "믿음은 당혹감을 주는 것이다"라는 옛 루터파 신
자들의 격언을 꽤 좋아했다. 이 격언에 담긴 깊은 뜻이 이 책의
처음부터 끝까지 깊이 스며들어 있다. 그는 믿음이 '마음을 위
한 여행'이라고 지적한다. 오늘날 일부 사람들이 믿음을 '목적

지'라고 가르치지만, 토저의 생각은 정반대였다. 믿음이 영적이고 기독교적인 삶의 전부이자 최종 목적지는 아니다.

믿음은 무언가를 창조하지 않는다. 오히려 믿음은 하나님께서 만드신 것을 보게 해주는 영적 기관(器官)이다. 토저는 "당신이 원하는 것을 말하면 그것을 만들어낼 수 있다"라고 말하는 사람들의 주장을 무너뜨리는 데 상당한 역할을 했다. 그에 의하면 믿음은 결코 허구를 창조하지 않는다. 창조하는 분은 하나님이시다. 믿음은 그분이 창조하여 존재하게 하신 것을 보게 해준다.

눈에 보이는 것을 뚫고 들어가 '눈에 보이지 않는 실재', 즉 하나님을 볼 수 있게 해주는 것이 믿음이다. 신자는 보는 것으로 행하지 않고 믿음으로 행한다고 가르치는 성경 말씀은 하나님이 창조하신 보이지 않는 신비적 측면을 가리킨다. 보이는 모든 것은 하나님의 보이지 않는 세계에서 나왔다. 그리고 믿음을 통해 보이는 것을 뚫고 들어가 보이지 않는 것을 경험할 수 있다.

믿음을 혼란케 하는 세 가지

이 책의 주제는 '믿음을 혼란케 하는 요소'이다. 참된 믿음 안에 우리를 큰 혼란에 빠뜨리는 세 가지 측면이 있다.

첫째, 구원받지 못한 사람이 처음 믿음을 접하면 큰 혼란을 겪는다. 성경이 가르치는 믿음은 예수 그리스도 밖에 있는 옛 삶의 방식을 부정하기 때문이다. 모든 면에서 믿음은 하나님께 반역하며 죄짓는 삶에 태클을 건다. 믿음은 인간의 모든 면에 반대하기 때문에 자연인은 큰 혼란을 느낀다. 사람이 깊은 죄의식을 느낄 때 믿음이 시작된다.

둘째, 믿음은 그리스도인의 자만을 혼란의 구렁텅이로 던져 버린다. 그리스도인은 예수 그리스도의 완성된 사역 안에서만 안식할 수 있다. 성경이 가르치는 믿음은 우리에게 앞으로 나아가라고 강권하며, 예수 그리스도 안에서 완전한 안식을 누리라고 도전한다.

토저는 일 중독에 빠진 사람들에게도 경고의 메시지를 보낸다. 자기 일에 너무 몰입한 나머지 하나님이 이루신 일을 보지 못한다고 지적한다. 믿음은 우리가 예수 그리스도의 완성된 사역을 볼 수 있도록 이끌어준다. 하나님의 얼굴을 바라보며 안식을 누리게 하는 것이 바로 믿음이다.

셋째, 대개 믿음은 성숙한 그리스도인을 혼란스럽고 당황스러운 길로 가게 한다. 이것을 가장 잘 보여주는 예는 다니엘의 세 친구 사드락, 메삭, 아벳느고이다. 그들은 믿음 때문에 큰 시련에 처했다. 그들이 느부갓네살 왕에게 한 말은 보이는 것으로 행하지 않고, 믿음으로 행하는 사람들의 특징을 아주 잘 보여준다.

왕이여 우리가 섬기는 하나님이 계시다면 우리를 맹렬히 타는 풀무불 가운데에서 능히 건져내시겠고 왕의 손에서도 건져내시리이다 그렇게 하지 아니하실지라도 왕이여 우리가 왕의 신들을 섬기지도 아니하고 왕이 세우신 금 신상에게 절하지도 아니할 줄을 아옵소서 _단 3:17,18

믿음 때문에 그들은 풀무불에 던져지는 위기에 처했지만, 또한 믿음 때문에 그 무서운 시련을 이겨내고 하나님을 체험할 수 있었다. 믿음이 없었다면 결코 그렇게 하나님을 경험할 수 없었을 것이다. 불같은 고난이 있었기 때문에 믿음으로 그분의 실제적 임재를 체험했다!

믿음의 사람들이 당한 고난이 역사 속에서 발견된다. 당신이 믿음으로 행한다면 세상의 길과 반대로 갈 것이고, 고난의 길을 가게 될 것이다. 토저는 "만일 신자가 믿음 때문에 겪는 고난 없이 살아간다면 뭔가 잘못된 것이 아닌가? 그가 잘못된

길로 가는 것이 아닌가?"라고 질문한다. 믿음으로 걷는 사람
은 세상, 육신 그리고 마귀와 충돌할 수밖에 없다.

그리스도인이 된다는 것

이 책의 핵심은 기독교의 믿음이 우리를 고난에서 구해주는
만병통치약이 아니라 오히려 우리를 험난한 곳으로 데려가고
고통스러운 상황으로 몰아넣는다는 것이다. 믿음은 우리가
처한 상황에 굴복하지 말라고 도전하며, 성령의 인도를 계속
따르라고 강권한다.

이 책을 읽는 사람은 그리스도인이 된다는 것이 무엇을 의
미하는지 배우게 될 것이다. '솜사탕 기독교'를 반기지 않았던
토저는 성령을 떠나서는 기독교가 존재할 수 없다는 바른 믿
음을 가졌다. 그는 "그리스도인을 설명할 수 있는 사람은 그
리스도인이 아니다"라고 말한다. 그리스도인은 세상을 어리

둥절하게 만드는 걸어 다니는 기적이다. 종교란 누구든지 자기 힘으로 이룰 수 있는 그 무엇이다. 단지 계명을 지키면 되기 때문이다. 하지만 기독교는 다르다. 기독교 신앙을 갖게 되면 큰 고통과 유혹에 직면하게 되며, 이 세상의 신(神)과 싸우게 된다.

사람들이 나에게 자주 던지는 질문 하나는 "토저가 칼빈주의자였습니까, 알미니우스주의자였습니까?"이다. 수많은 토저의 책 중 단 몇 권만 읽은 사람은 이 질문에 답하기가 힘들 것이다. 그는 사역 기간 중 칼빈주의와 알미니우스주의 중 어느 것이 옳은가 하는 문제를 깊이 파헤친 적도, 이 문제에 매몰되어 앞으로 나아가지 못한 적도 없다. 그런데 그가 이 책의 한 장을 할애해 논란이 많은 이 문제를 다룬다. 여기서 더는 논란이 없을 정도로 자기 입장을 분명히 밝힌다.

그는 여러 해 동안 한 잡지의 편집장으로 일했는데, 그 잡지에서 "우리 중 많은 이들은 자신을 단지 그리스도인이라고 부르기를 더 좋아한다. 그들은 어떤 신학자가 아무리 위대하다고 할지라도 그 신학자에 대한 공개적 지지를 표명하기를 사양한다"라고 말했다. 현대 그리스도인들이 "당신은 칼빈주의자입니까 아니면 알미니우스주의자입니까?"라는 질문에 대답하지 않으면 안 되는 상황에 놓인 것은 아니다. 이 사실을 안다면 그들은 매우 안심할 것이다. 많은 이들이 "나는 둘 중 어느 쪽도 아니고, 단지 그리스도인일 뿐입니다"라고 답하는 것을 더 좋아한다.

믿음의 전투에서 승리하라!

토저는 참된 믿음의 소유자가 현재에 만족하지 못해 심리적 불안에 빠지는 경향이 있다고 말했다. 참된 믿음은 신자가 세상에서 벗어나는 이유기(離乳期)를 겪고 천국을 준비하도록 만든다. 영광중에 계신 주님과 함께 살게 될 삶 말이다. 토저는 이 땅의 삶을 천국을 위해 준비하는 기간으로 보았다. 신자의 삶 속에 계신 성령의 일과 사역은, 천국에서의 삶을 위해 하나님의 아들들을 준비시키는 것에 언제나 초점이 맞추어져 있다.

내가 볼 때 이 책의 가장 흥미로운 점 중 하나는 독서에 대한 토저 박사의 조언이다. 그는 우리가 적게 읽고 생각을 많이 해야 한다고 조언하면서, 자신은 독서보다 사색을 10배 더 많이 한다고 덧붙인다. 그는 뛰어난 묵상 기술을 발전시켰다. 성경 읽기에 대한 그의 충고는 매우 대단하다. "눈으로만 성경을 읽는 것은 성경을 읽는 것이 아니다. 성경이 우리에게 말하기 시작할 때 성경 읽기가 비로소 시작된다. 눈으로만 성경을 읽고 성경을 읽었다는 착각에 빠지지 말라."

하루에 읽어야 할 성경 분량을 읽은 후 '아, 내가 오늘 성경 읽는 의무를 충실히 수행했구나'라고 생각하는 것은 토저의 방식이 아니었다. 그는 성경이 살아 있는 책이라고 믿었다. 성경은 그 내면의 가장 깊은 곳에서 그에게 말했다.

이 책은 믿음의 여행을 막 시작한 젊은 그리스도인들이 반드시 읽어야 할 책이다. 토저의 조언이 그들의 믿음의 여행길을 더 편하게 해주지는 않겠지만, 마치 운동선수의 코치처럼 우리가 결승선을 통과하여 승리하도록 격려해준다.

오늘날 인기 있는 기독교는 믿음의 삶이 놀이터에서의 놀이 같다고 가르친다. 이렇게 가르치는 사람들이 무의식적으로 그렇게 하는 것은 아닌지 판단하는 문제는 전문가들에게 맡기자. 다만 내가 하고 싶은 말은 토저가 이런 가르침에 반대했다는 것이다.

그리스도인은 놀이터에서 살지 않고 전쟁터에서 살아간다. 이 전투는 눈앞의 현실이고, 전투 결과는 영원하다. 이 전투는 모든 선수가 승리하기 위해 열심히 경기한 다음 모여서 햄버거와 음료를 먹고 마시는 야구 경기 같은 것이 아니다. 결코 아니다! 우리 앞에 놓인 전투는 우리의 예상을 완전히 뒤집을 정도로 현실적이고 실제적이다. 믿음으로 사는 법을 진정으로 아는 사람만이 승리를 거둘 것이다.

이 책은 성령의 능력과 나타나심에 힘입어 우리 앞에 놓인 전투에 임하라고 외친다. 믿음의 길을 가는 것이 쉽지 않겠지만, 성령 안에서 싸우는 신자의 한 걸음 한 걸음은 하나님의 놀라운 영광으로 채워질 것이다.

제임스 L. 스나이더

차례

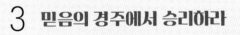

3 믿음의 경주에서 승리하라

A Disruptive
Faith

믿음이란
무엇인가?

그리스도인의 믿음은
어떻게 시작되는가?

그러나 누구인가가 어디에서 증언하여 이르되 사람이 무엇이기에 주께서

그를 생각하시며 인자가 무엇이기에 주께서 그를 돌보시나이까 _히 2:6

본격적인 이야기를 시작하기에 앞서 간단한 질문을 하나 던
지겠다.

"그리스도인으로서 우리의 믿음은 어디에서 오는가?"

이 질문에 어떻게 답하느냐에 따라 우리는 올바른 방향으
로 갈 수도 있고, 잘못된 방향으로 갈 수도 있다. 불행하게도,
지극히 중요한 이 질문에 대해 많은 성경 교사들이 내놓는 답

이 아예 틀린 것은 아니어도 불완전해서 사람들을 잘못된 방향으로 이끌고 만다.

내가 분명히 밝히고 싶은 것은 하나님의 마음 안에서 우리가 어떤 위치인지 깨달을 때 진정한 믿음이 시작된다는 것이다. 히브리서 기자는 시편 기자의 말을 인용하여 "사람이 무엇이기에 주께서 그를 생각하시며 인자가 무엇이기에 주께서 그를 돌보시나이까"(히 2:6)라고 묻는다. 그의 질문은 하나이지만, 나는 이 질문에 관해 몇 가지 더 이야기하고 싶다.

우선 이 질문은 논쟁을 위한 학문적 질문이 아니다. 성경은 학문적 연구를 위해 쓰인 책이 아니다. 학문은 인과관계를 설명하지만, 성경은 그저 설명하고 끝내는 책이 아니다. 하늘을 응시하던 하나님의 사람이 눈앞에 보이는 것에 압도되어 "사람이 무엇이기에 주께서 그를 생각하시며…"라고 하나님께 물었다. 하나님께서 우리를 생각하신다는 것을 아는 것이 곧 믿음의 여정의 시작이다.

또한 성경은 인간의 호기심을 충족시키기 위한 책이 아니라는 점을 밝혀두고 싶다. 이는 성경을 깊이 들여다보는 사람이라면 누구나 알 수 있는 사실이다. 하나님은 단지 사색하라고 성경을 주시지 않았다. 성경은 실제적, 도덕적, 영적인 것으로 가득 차 있다! 성경 66권은 각각 나름대로 고유한 목적을 가지고 쓰였다. 히브리서가 쓰인 목적은 하나님을 멀리 떠난 인간을 그분과 화해시키는 것이다. 간단히 말하자면 죄로 물든 인간을 선하게 만들고, 자신의 미래를 방치한 인간에게 "네 미래에 관심을 가져라"라고 설득하는 것이다.

하나님의 마음에 박혀 있는 것

시편 기자가 "사람이 무엇이기에 주께서 그를 '생각하시며'"(시 8:4)라고 할 때, '생각하는'(mindful)에는 하나님이 인간을 늘 마음에 두신다는 뜻이 포함되어 있다. 인간이 늘 하나님의 마음 안에 있다는 것은 그분이 자꾸 인간을 기억하신다는 뜻이다. 크신 하나님의 별난 점을 꼽으라면, 유독 인간에게 약하시다는 것이다. 이 말은 내가 아주 경건한 마음으로 하는 말이다. 하나님이 행하신 일들이 대부분 어떤 동기에서 이루어졌는지 나는 이해할 수 있다. 하나님의 사역을 이해하기는 쉽지만, 그분이 왜 인류를 사랑하셔서 늘 마음에 두시는지 이해하기란 어렵다. 이해가 잘 안 되지만 분명한 사실이고, 우주에서 가장 기이한 현상 중 하나이다.

하나님은 인류를 늘 마음에 두시기 때문에 인류를 향한 마음의 부담을 떨쳐버리지 못하신다. 이 부담감은 그분 스스로 가지신 것이지만, 그렇다고 해서 부담이 아닌 것은 아니다. 하나님의 마음에 박힌 인간이라는 존재는 마치 단단한 나무에 박힌 못과 같아서 그분이 뽑아내지 못하신다. 하나님께서 이 부담감에서 벗어나길 원하시는지 아닌지는 모르지만, 그분의 본질이 그렇게 할 수 없다는 것은 분명하다. 하나님은 인류를 향한 사랑 때문에 힘들어하신다. 그분은 기쁨도 주고 슬픔도 주는 사랑의 그물에 걸려 있으시다. 말하자면, 인류를 향한 하나님의 큰 사랑이 그분을 꼼짝 못 하게 한다.

이것이 내가 믿는 것이고, 나는 내 믿음이 옳다고 생각한다. 나는 이 믿음에 따라 살고, 설교하고, 기도한다. 하나님이 인간에게 마음을 쓰신다! 이것이 인간에 대해 분명히 할 수 있는 말이다! 어머니가 자기 자식을 살뜰히 생각하며 돌보듯이 하나님이 인간을 생각하며 돌보시는데, 그분의 돌보심이 무한히 더 크다. 어머니가 자식을 버리거나 잊어버릴 수도 있지만(이런 일이 실제로 일어난다), 그분은 그렇게 하지 않으신다. 대체로 어머니의 사랑은 오래 지속되지만, 때로는 그렇지 않다. 하지만 하나님의 사랑은 본질적으로 끝날 수가 없다. 하나님은 그분의 큰 사랑의 그물에 걸려 계시다. 인간은 그분을 배반하고 죄에 빠져 있고 경솔하고 악하지만 그래도 하나님의 마음속에 늘 자리를 차지하고 있다.

인간은 하나님의 형상이자 자랑이다. 동시에 그분이 책임지셔야 할 존재이고 그분의 문제이다. 인간이 그런 존재이지만, 하나님은 인간에 대한 생각을 도무지 떨쳐버릴 수 없으시다. 하나님은 주무시지 않는다. 만일 주무시는 게 가능하더라도 실제로 그렇게 하실 수 없다. 인간의 반역과 인간에 대한 그분의 사랑과 자랑이 늘 그분 마음에서 떠나지 않기 때문이다.

하나님은 인간에게 도덕적 책임을 느낄 필요가 전혀 없으시지만, 실제로는 책임을 느끼신다. 인간은 범죄로 말미암아 모든 것을 잃었지만 그분이 책임을 떠맡으신다. 하나님은 그 책임의 무게에 눌려 신음하시면서, "보라 곡식 단을 가득히 실은 수레가 눌려 있음같이 내가 너희 아래 눌려 있다"(암 2:13 참조, KJV 영어성경 역자 사역, 개역개정판 한글성경에는 "보라 곡식 단을 가득히 실은 수레가 흙을 누름같이 내가 너희를 누르리니"라고 번역되어 있다)라고 말씀하신다.

하나님은 인간의 연약함을 생각하신다

시편 기자가 "주의 손가락으로 만드신 주의 하늘과 주께서 베풀어 두신 달과 별들을 내가 보오니 사람이 무엇이기에 주께서 그를 생각하시며 인자가 무엇이기에 주께서 그를 돌보시나이까"(시 8:3,4)라고 묻게 된 것은 인간의 연약함 때문이다. 그런데 이 질문의 답은 인간의 관점이 아니라 하나님의 관점에서 나와야 한다.

성경은 인간을 풀과 꽃과 안개와 호흡에 비유한다. 하나님의 관점에서 인간은 우리가 들이마시고 내뱉은 다음 사라지고 마는 숨에 비유된다. 아침에 안개가 산을 덮고 있다. 그리고 해가 뜨자 안개가 사라졌다. 인생이 바로 그런 것이다. 꽃이 아름답게 피어 있으면 많은 이들이 보고 기쁨의 탄성을 발한다. 그러나 며칠 후 시들어버리면 아무도 보려고 하지 않는다. 아침에 잘 자라나도 밤이 되기 전에 시들어버리는 풀과 같은 것이 인생이다.

다윗은 하나님의 사람이었다. 맞다! 그런데 그런 다윗이 "진실로 여호와의 살아 계심과 네 생명을 두고 맹세하노니 나와 죽음의 사이는 한 걸음뿐이니라"(삼상 20:3)라고 말했다. 인간이 아무리 잘나가도 그와 죽음 사이에는 한 걸음의 간격만 있을 뿐이다! 그런데 그토록 연약한 인간 때문에 하나님이 전전긍긍하신다.

어찌하여 영원한 하나님께서 그토록 연약한 인간을 사랑하시고 헤어나지 못하시는가? 나는 그 이유를 모른다. 하지만 그것이 사실이라는 것을 안다. 인간은 연약하고 무지하다. 그 증거는 우리 주변에 널려 있다. 인간이 우상을 숭배하는 것과 철학자들을 보면 알 수 있다.

여기에 선뜻 답하기 어려운 다섯 가지 질문이 있다. 우리는 어디에서 왔는가? 어떻게 여기에 왔는가? 우리는 누구인가? 왜 여기에 있는가? 그리고 어디로 가는가? 성경에서 답을 구하지 않는다면 이 다섯 가지 질문에 결코 답할 수 없다. 무지의 굴레에서 빠져나오지 못하는 인간은 스스로 그 답을 찾을 수 없다.

이 우주 안에 들어왔지만, 왜 들어왔는지는 모르네
어디에서 왔는지 모르니 제멋대로 흐르는 물 같구나
황무지를 스쳐 가는 바람처럼 우주 밖으로 나가지만,
어디로 가는지는 모르네, 제멋대로 부는 바람 같구나
_에드워드 피츠제럴드가 번역한 '오마르 하이얌'의 《루바이야트》에서 발췌

우리는 어디에서 왔는지, 어떻게 여기에 오게 되었는지 모른다. 물론 출생에 관한 사실은 알지만, 생명 탄생의 신비에 대

해서는 모른다. 하나님을 전제하지 않는다면 우리 자신에 대해 전혀 알 수 없다. 신약성경의 관점을 받아들이지 않는 사람은 인간이 왜 여기에 있고, 또 어디로 가는지 알 수 없다.

사실 인간은 사랑받기에 너무 연약한 존재이다. 솔직히 인간이 무엇을 할 수 있는가? 하지만 하나님은 연약한 인간을 늘 생각하신다. 이성적으로 이렇게 연약한 인류를 그분이 사랑하셔야 할 이유가 전혀 없지만, 사랑의 하나님은 사랑받을 자격이 없는 인간의 연약함에 전혀 개의치 않으신다.

하나님이 악한 인간을 사랑하시는 이유

인간의 연약함은 인간에 대해 말할 수 있는 가장 나쁜 말이 아니다. 하나님이 왜 연약한 존재를 사랑하시는지, 또 무지한 인간을 왜 사랑하시는지 이해하기가 쉽지 않지만, 그래도 이해할 수는 있을 것 같다. 하지만 그분이 악한 인간을 사랑하시는 것은 도무지 이해되지 않는다. 성경은 인간이 악하다고 선언한다. 하나님께서 인간의 사악함에 대해 말씀하신다. 성경에 인간의 사악함과 하나님의 사랑이 잇달아 언급된다. 그렇다! 인간이 왜 그토록 하나님의 마음에 꽉 박혀 있는지 이해할 수 없게 만드는 또 다른 이유는 바로 '인간의 사악함'이다.

역사는 인간을 고발하는 고발장이다. 역사를 읽어보면 증거가 나오고 판결이 내려질 것이다. 인간은 지극히 사악하다. 날마다 행하는 우리의 행위는 우리 죄를 말해주는 증거이다. 인간의 타락과 인류의 사악함을 믿지 않는 신학자가 있는가? 그런 신학자가 있다면 오늘 밤 뉴스를 보거나 내일 아침 신문을 읽으면 생각이 바뀔 것이다! 사람들의 일상만 보아도 인간의 사악함을 알 수 있다.

하나님은 인간에게 유죄판결을 내리셔야 한다. 인간에게 죄가 있기 때문이다. 인간은 마땅히 하나님을 닮아야 했지만, 그렇지 못했다. 인간은 잘못 생각하고, 진실하지 못하고, 덕스럽지 못하다. 영적으로, 지적으로, 도덕적으로 길을 잃었다. 인간은 살 자격조차 없는 존재로 판명이 났다. 어떤 이들은 하나님께서 왜 인간을 죽게 하시는지 이해하지 못하지만, 나는 그분이 왜 인간을 살게 하시는지 이해할 수 없다. 내가 이렇게 말하는 이유는 우리의 살 권리를 죄가 앗아갔기 때문이다. 그렇지만 하나님께서는 인간을 늘 마음에 두고 계신다. 마치 망치로 박은 듯이 우리가 그분의 마음속에 콱 박혀 있기에 하나님은 인류를 향한 그 큰 사랑을 버리실 수 없다.

언젠가 한 젊은이와 이야기를 나누었다. 그는 "하나님이 나를 사랑하신다는 것을 이해할 수 없고, 믿을 수도 없습니다"라고 말했다. 그런 다음 "여호와께서 사람의 죄악이 세상에 가득함과 그의 마음으로 생각하는 모든 계획이 항상 악할 뿐임을 보시고 … 마음에 '근심하시고'(슬퍼하시고, grieved)"(창 6:5,6)라는 성경 구절을 읽었다. 이 구절을 읽은 후 그는 "이제 깨달았습니다. 오직 사랑만이 슬픔을 느끼게 합니다. 사랑하지 않는 사람은 슬퍼하지 않습니다"라고 말했다.

그렇다! 슬퍼하게 만들 수 있는 것은 오직 사랑뿐이다. 고통을 주는 것들은 많다. 다리가 부러지면 고통을 당한다. 재산을 잃어버리면 고통을 당한다. 하지만 사랑이 없다면 슬퍼할 이유가 없다. 나와 대화를 나눈 그 청년은 하나님이 사람 때문에 슬퍼하셨다는 것을 알았을 때 그분의 사랑을 깨달았다. 그렇다! 어떤 사람 때문에 슬퍼한다는 것은 그 사람을 사랑한다는 증거이다. 아주 정확한 논리이다. 이 확실한 논리를 붙들면, 우리 주변에서 일어나는 일들을 정확히 꿰뚫어 볼 수 있다. 이것은 누구도 부정할 수 없다. 하나님은 우리를 사랑하신다. 그렇지 않다면, 그분이 우리 때문에 슬퍼하실 필요가 없다.

성경에서 예수님은 '슬픔의 사람'(a man of sorrows)으로 불리셨다. 그분이 당한 슬픔은 무엇이었는가? 그분의 마음과 생각을 힘들게 한 것이 무엇이었는가? 무엇 때문에 예수님이 슬퍼하셨는가? 바로 우리 때문이다! 우리의 죄 때문에 주님의 마음에 깃든 슬픔은 평안을 모른다. 이 슬픔 때문에 마음이 불편하신 하나님은 그 해결책을 찾기를 갈망하신다.

주님의 모든 자비는 그분의 슬픔에서 나온다. 누군가 그분을 졸라서가 아니라 그분 사랑의 강력한 힘에서 나오는 것이다.

우리는 "하나님이 나를 사랑하신다고 믿지 않습니다. 나는 그분의 사랑을 받을 자격이 없습니다"라고 말할 필요가 없다. 물론 우리는 그분의 사랑을 받을 자격이 없지만, 그렇다고 해서 그렇게 말하는 것은 밭이 "비를 내리지 마세요. 나는 비를 맞을 자격이 없습니다"라고 말하는 것과 같다. 수분을 잔뜩 머금은 구름은 밭이 비를 맞을 자격이 있는지 묻지 않는다. 다만 강수 조건이 충족되면 대상을 가리지 않고 빗물을 쏟아 붓는다. 의로운 자와 불의한 자 모두에게 비를 내리신다(마 5:45). 도시의 길거리와 시골의 목초지를 가리지 않고 비를 뿌린다. "어디에 비를 내려야 합니까?"라고 묻지 않는다.

하나님의 사랑도 그렇다! 그분이 당신을 사랑하시는 것은 당신에게 자격이 있어서가 아니라 그분이 하나님이시기 때문이며, 당신을 마음에 두고 계시기 때문이다. 그분은 당신을 피해 가실 수 없다. 물론 당신은 자격 있는 존재가 아니다. 영적으로 부패했고, 지적으로 눈이 멀었고, 도덕적으로 썩었다.

그런데 우리가 알아야 할 한 가지 사실이 있다. 당신이 하나님의 사랑을 받을 자격이 없는 것은 분명하지만, 그분은 "내가 너를 잊지 않으리라"라고 말씀하신다는 점이다. 이것이 내가 믿는 진리이다. 나는 이 진리의 반석 위에서 살아간다.

갑자기 예전에 캠프집회에서 즐겨 부르던 노래 하나가 생각난다. 찰스 H. 가브리엘(Charles H. Gabriel, 1856~1932. 미국의 찬송가 작곡가)이 만든 〈"내가 너를 잊지 않으리라"는 약속이 아름답도다〉라는 곡이다.

"내가 너를 잊지 않으리라"는 약속이 아름답도다
그 무엇도 내 영혼을 괴롭히거나 가로막지 못하리
골짜기의 밤은 어둠이 가득하지만
그 너머에 있는 영원한 날의 빛을 보리라

"내가 너를 잊지 않으리라"는 약속을 붙들고
기쁨과 사랑의 노래를 부르며 전진하리라
세상이 나를 무시하고 친구들이 버려도

저 하늘의 본향에서는 기억해주시리

저 큰 황금 문 앞에 설 때

내 모든 환난과 슬픔은 옛일이 되리라

그 복된 선포의 말씀을 들을 때 내 기쁨 한량없으리

"충성된 종아, 어서 들어오렴. 결국 본향에 이르렀구나!"

너를 잊지도 떠나지도 않으리라

내 손으로 너를 붙들고 내 품에 품으리

너를 잊지도 떠나지도 않으리라

나는 네 구속자라, 너를 돌봐주리라

　인간은 고통을 잊지 못한다. 잦아들지 않는 날카로운 통증을 느낄 때 심신의 아픔이 잊히지 않는다. 우리는 아는 사람이 죽으면 사별의 고통이 마음에 콱 박혀 그 사람을 기억하며 슬퍼한다. 하나님은 마음에 고통을 느끼실 때 우리가 어떤 존재인지 기억하신다. 이 아픔 하나만으로도 그분은, 우리가 무지하고 사악하고 연약하고 그분에게서 멀리 떠난 무력한 존재임을 떠올리신다.

인간을 향한 하나님의 열정은 순전하여 인간의 속량을 추구한다. 그분은 "내가 너를 향해 손을 폈노라. 나는 일찍 일어났다. 정말 그랬지만, 너는 그렇게 하려 하지 않았다"라고 말씀하신다. 우리가 하나님의 마음속에 깊이 박혀 있기에 그분이 우리를 돌보신다. "사람이 무엇이기에 주께서 그를 생각하시며 인자가 무엇이기에 주께서 그를 돌보시나이까"(히 2:6)라는 말씀을 기억하라.

사랑으로 이룬 역사

어떤 이들은 "그리스도께서 이 땅에 오신 것은 하나님의 계획이 역사 속에서 전개된 것이다"라고 말하는데, 그 말 자체는 맞다. 그런데 사람들은 어떻게 자기 머리가 대단하다는 믿음을 끈질기게 붙들고 있는가? 사람의 머리가 떨어져 나간다 해도 그는 한참 후에야 그 사실을 알아차릴 것이다. 우리의 머리는 그렇게 대단하지 않다. 그런데도 우리는 역사가 어떻다, 하나님이 인간의 역사 속에서 일하신다는 이야기를 늘어놓는다.

젊은 남녀가 결혼을 준비 중이다. 이들은 1년 정도 교제했고, 깊은 관계로 발전하여 결혼을 준비하고 있다. 드디어 결혼식 날이 되었다. 화환이 도착했고 신부의 웨딩드레스가 준비되었다. 모든 것이 마련되었고, 신부는 웨딩드레스 입을 시간을 기다린다. 그런데 차분히 앉아 있던 신부가 굳은 표정으로 "나는 오늘 결혼한다. 이것은 내 남편 될 사람의 계획이 역사 속에서 전개되는 것이다"라고 말한다면, 그녀에게 감정이 없다고 느낄 것이다. 자신의 결혼을 남 얘기하듯이 말하기 때문이다. 누군가 그 말을 듣는다면 "너 왜 그래? 무슨 일 있어? 그 남자를 사랑하지 않는 거야?"라고 물을 것이다. 결혼을 앞둔 사람은 그런 식으로 말하지 않는다! 사랑이 넘쳐흘러 흥분하며 말할 것이다.

언젠가 뉴욕에 갔을 때 나는 우연히 어떤 부부가 어린 아기를 안고 가는 것을 보았다. 그 아기는 생후 9개월쯤 되어 보였다. 그 부부가 레스토랑에서 나갈 때 모든 사람이 그 아기를 보고 미소 지었다. 경직된 표정으로 살아가는 뉴욕 사람들조차 그 아기를 보며 방긋 웃었다. 나도 그 아기를 알아보고 눈웃음쳤고, 그 아이도 나를 보고 웃었다. 그런데 그 아기는 어디에서 왔을까?

생물학자나 생리학자들은 차트를 보여주며 아기의 출생을 설명할 수 있을 것이다. 그들은 생명의 탄생에 대해 그런 설명 밖에 내놓지 못한다. 아기의 출생 이면에 있는 신비를 알지 못하고, 자연적 현상을 설명하는 것이다. 그런데 그런 식으로 아기를 이해한다면 정말 끔찍한 일이다. 아기를 단지 '두 발로 걷는 인간'으로 보는 것은 참담하다. 보통 우리는 아기를 볼 때 애정이 담긴 따스한 사랑의 눈으로 바라본다. 그런데 과학자들만 있는 실험실에서 아기를 키운다면 어떻게 될까? 그 아기는 인간이 아니라 '좀비'(zombie)가 될 것이다! 아기는 사랑을 먹고 자라야 한다.

그러나 과학자들이 자녀 양육의 문제에 끼어들어 이렇게 말했다. "아기를 지나치게 사랑하면 안 됩니다. 아기가 울면 달래지 말고 그냥 울게 두십시오. 독립심을 키워줘야 합니다. 아기를 너무 사랑하면 아기에게 집착하는 것입니다. 아기가 당신에게 지나치게 집착해서도 안 됩니다."

그러나 나와 내 아내는 이런 말에 신경 쓰지 않고 어떻게든 우리의 아기들을 사랑했고, 그 아이들이 우리를 의지하게 했다. 얼마 지나지 않아 전문가들은 그들의 견해를 뒤집었고, 이제는 그 반대로 가르치며 "무엇보다 아기를 사랑해야 합니다"라고 말한다.

우리가 아이를 낳은 엄마에게 "당신의 아기를 사랑하십시오. 아기를 사랑하는 방법을 배우기 위해 학교에 가서 두 학기 동안 공부하십시오"라고 말할 필요가 있을까? 그럴 필요 없다! 갓난아기가 누워서 손가락을 빨고 있는 모습을 보기만 하면 된다. 태어난 지 두 시간밖에 안 되는 아기를 내려다보며 엄마는 입이 귀에 걸린다. 아기가 아빠를 닮았다는 걸 즉시 알아본다. 전문가가 그녀에게 '아기 사랑하는 법'을 설명해주지 않아도 엄마는 아기를 사랑한다. 아기를 사랑하기 위해 교육받을 필요가 없다. 우리는 아기를 사랑하기 때문에 사랑하는 것이지, 아기가 사랑스러워서 사랑하는 것은 아니다. 솔직히 말해서 내가 본 아기들 중에 아기 엄마만 사랑할 수 있을 것 같은 아기들도 있었다. 뭔가 가엾어 보이고 머리카락이 지저분하고 피부가 쭈글쭈글한 아기들도 있다. 물론 그런 아기들도 성장하면 멋지고 매력적인 성인이 되지만, 신생아 때는 그렇지 않다. 병원 신생아실의 유리창을 통해 보이는 아기들은 그렇게 예쁘지 않다. 그러나 그런 아기들도 엄마의 사랑을 듬뿍 받는다. 네덜란드 출신의 내 할머니는 "모든 까마귀는 자기 새끼들이 가장 검다고 생각한다"라고 늘 말씀하셨다.

조바심 내는 주님의 사랑

왜 예수 그리스도께서 죽으셨는가? 이 질문에 대한 답은 "인자가 무엇이기에 주께서 그를 돌보시나이까?"라는 물음 속에 있다. 즉, 하나님이 우리를 돌보시기 때문이다! 그렇다면 왜 그분은 우리를 돌보시는가? 그분의 영원한 계획을 이루시기 위해서? 물론 맞는 말이다. 하지만 정곡을 찌르는 답은 아니다. 그분이 우리를 돌보시는 이유는 우리가 그분의 마음속에 꽉 박혀 있기 때문이다! 그리스도께서 우리를 위해 오신 것은 아침에 잠에서 깨어난 엄마가 아기가 잘 있는지 보기 위해 아기의 방으로 달려가는 것과 같다.

그리스도가 낮아지셔서 죽음을 맛보신 것은 사랑 때문이었다. 안절부절못하며 조바심 내는 하나님의 사랑이 인간의 몸으로 이 땅에 오신 것이다! 이것을 생각할 때 그리스도의 성품이, 사람들을 향한 그분의 태도가, 우리를 위한 그분의 지칠 줄 모르는 수고가 이해된다. 궁극적으로는 예수님이 우리를 위해 십자가에서 죽으신 것도 이해된다. 단순히 역사 속에서 목적을 성취하기 위해서라면 그분이 죽지 않으셨을 것이다.

만일 하나님께서 벽에 차트를 걸어놓고 "A도 아니고, B도 아니고, C라는 방법으로 해야 한다"라고 말씀하셨다면, 그리스도께서 이 땅에 와서 죽으셨을까? 단지 기록된 계획을 이루기 위해? 그분은 마음속에 있는 사랑의 계획을 이루기 위해 죽으셨다. 차트에 적힌 계획과 마음속 사랑은 다른 것이다. 바로 사랑 때문에 그분이 죽으셨고, 갈보리 사건이 일어났다.

주님은 우리를 향한 큰 고통 때문에 이 땅에 내려오신 것이다. 갈보리는 아픔이었다. 틀림없이 십자가의 못은 아픈 것이었다. 뜨거운 태양 아래 십자가에 매달려서 파리가 날아들고 땀이 비 오듯 하는 것은 너무 아프고 끔찍한 일이었다. 그러나 다른 아픔이 더 컸다. 그분이 작은 아픔을 견디시도록 내몬 것은 큰 아픔이었다. 죽음은 그분에게 작은 아픔이었다. 큰 아픔은 사랑의 아픔이었다. 주님은 우리를 사랑하셨기 때문에 죽으셨다. 주님이 아픔을 견디신 것은 더 큰 사랑의 고통이 우리를 향한 그분의 사랑을 나타내고자 했기 때문이다.

하지만 우리는 돌이켜 주님을 보았음에도 그분을 떠났고, 그분에 대해 전혀 마음 쓰지 않았다. 사랑을 주었지만 사랑받지 못하는 것은 가장 큰 슬픔 중 하나이고, 아픔의 극치이다. 그분이 오셨고, 이 땅에서 사셨고, 사랑하셨고, 죽으셨다. 하지만 죽음도 그분의 사랑을 멸하지 못했다. 주님의 사랑은 그분의 마음에서 떠나지 않는다. 언젠가 그 사랑은 온전히 보답받게 될 것이다.

"그가 자기 영혼의 수고한 것을 보고 만족하게 여길 것이라

나의 의로운 종이 자기 지식으로 많은 사람을 의롭게 하며 또 그들의 죄악을 친히 담당하리로다"(사 53:11).

당신은 이 놀라운 성경 구절을 깊이 생각해본 적이 있는가? 이 구절의 의미가 무엇인가? 그 의미는 "여자가 해산하게 되면 그때가 이르렀으므로 근심하나 아기를 낳으면 세상에 사람 난 기쁨으로 말미암아 그 고통을 다시 기억하지 아니하느니라"(요 16:21)라고 예수님이 말씀하신 뜻과 같다. 그래서 성경이 주님에 대해 "그가 자기 영혼의 수고한 것을 보고 만족하게 여길 것이라"라고 예언한 것이다.

하나님의 마음속 아픔

인간이 죄를 지으면 하나님의 마음을 아프시게 하는 것이다. 그러나 죄에서 돌이켜 하나님께 돌아가면 그분은 만족해하신다. 모든 인간은 둘 중 하나이다. 하나님께 아픔을 드리거나 만족을 드린다. 당신이 그리스도를 거부하면 하나님이 아파하시고, 그리스도를 받아들이면 기뻐하신다. 하나님께서 당신을 찾으셨을 때 기쁨과 만족을 얻으시지만, 당신이 아직 그분을 찾지 못했다면 슬퍼하신다.

인간이 하나님의 마음속에 꽉 박혀 있다는 것을 기억하라.

인간은 영원히 그분의 마음속에 있다. 하나님은 그런 인간을 떨쳐버릴 수 없으시다. 우리가 거기에 있다. 인류가 거기에 있다. 그분께 아픔을 드리든 기쁨을 드리든 간에 우리는 거기에 있다. 나는 물론 주 예수 그리스도께 기쁨을 드리고 싶다.

하나님을 믿는 내 신앙은 내가 늘 그분의 마음속에 있다는 것을 아는 지식 위에 세워져 있다. 이 지식이 내 신앙의 출발점이다. 이 출발점에서 내가 그분의 생각을 차지하는 위치를 이해하게 된다. 그분이 나에 대해 어떻게 생각하시는지 이해할 때 내 믿음의 여정을 시작할 수 있다. 나에게 가장 좋은 것을 주고 싶어 하는 마음을 지극히 오래 품어온 분이라면, 얼마든지 믿고 의지할 수 있다.

날마다 온전히 의지하리

가는 길이 험하고 힘들어도

내 믿음이 작을 때도

예수님만 의지하면 된다네

시시각각 의지하고

매일매일 의지하리라

어떤 일이 닥쳐도 의지하리

예수님만 의지하면 된다네

주의 영이 밝은 빛을 비추네

나의 이 가련한 마음속으로

그분이 인도하시면 넘어지지 않으리니

예수님만 의지하면 된다네

가는 길이 평탄하면 찬양하고

멀고 험한 길이면 기도하리

위험이 다가오면 그분께 부르짖으리니

예수님만 의지하면 된다네

생명이 있는 한 그분을 의지하고

이 세상 끝까지 그분을 의지하리

벽옥 담장 안으로 들어갈 때까지

예수님만 의지하면 된다네

_에드거 P. 스타이츠(Edgar P. Stites, 1836~1921)

〈예수님을 의지하리〉

지금도 말씀하시는
하나님을 믿으라

옛적에 선지자들을 통하여 여러 부분과 여러 모양으로 우리 조상들에게 말씀하신 하나님이 이 모든 날 마지막에는 아들을 통하여 우리에게 말씀하셨으니… _히 1:1,2

히브리서에 따르면, 하나님은 영원한 아들을 통해 주어진 그분의 말씀을 통해 말씀하신다. 성경이 쓰인 목적을 이해하면 성경의 교훈을 삶에서 실천하는 데 도움이 된다. 쉽게 말해, 성경의 목적은 '성도에게 단번에 주신 믿음'(유 1:3)이 참된 것임을 입증하고 확증해주는 것이다. 여기서 우리는 하나님의 말씀이 그리스도인의 삶에서 어떤 위치를 차지하는지 알 수 있고, 그분의 말씀은 그리스도인의 믿음의 질을 결정할 뿐만 아니라 믿음의 진실성도 확인해준다.

"나는 믿습니다"라고 입으로 내뱉는다고 해서 믿음이 있는 게 아니라 믿음대로 살아야 믿음이 있는 것이다. 믿음은 자신이 의식하지 못하는 가운데 행동으로 드러나는 법이다. 오늘날 기독교계에서 믿음에 대해 유난을 떠는 일이 종종 발생하는데, 이것은 성경적인 현상이 아니다. 소위 믿음 좋다는 사람들을 기독교 유명인으로 띄워서 이런저런 현실적 목적을 이루려고 하는 것은 매우 유감스러운 일이다. 이런 시도는 성경의 교훈뿐만 아니라 신앙 위인들과 교회 역사를 부정하는 모순의 극치이다.

히브리서가 쓰인 목적

성령께서 히브리서 기자에게 감동을 주시어 히브리서를 쓰게 하신 목적은 흔들리는 히브리 그리스도인들의 믿음을 굳게 잡아주는 것이었다. 신앙생활에 변화가 있으려면 신자 개인의 믿음이 굳게 세워져야 한다.

히브리서가 회심하지 못한 사람들을 위해 쓰였다는 주장에 나는 동의하지 않는다. 이런 주장은 다른 이단을 숨기기 위해 만들어낸 교묘한 이단에 불과하다. 하나의 이단이 나타나면 그것을 숨기기 위해 두 번째 이단이 나타나고, 더 큰 세 번째 이단이 나타나고, 그러다 보면 이단들의 행렬이 이어진다.

어떤 이들은 자신들의 잘못된 신념을 덮기 위해 히브리서가 그리스도인들을 위한 책이 아니라고 말한다. 그들은 히브리서가 아직 구원의 방주 안에 들어오지 않고, 기독교 밖에서 서성이는 사람들을 위한 책이라고 주장한다. 그러나 그 주장은 교회 역사에 발붙이지 못했다. 믿음의 조상들은 그들의 주장에 동의하지 않았다. 히브리서는 히브리 그리스도인들의 믿음을 굳게 세우기 위해 쓰였다. 또한 히브리서는 '영원한 아들 그리스도가 모든 것이 되신다는 것'을 증명하는 방법을 사용한다. 히브리서 기자는 그의 주장을 입증하는 데 필요한 모든 것을 동원해 그리스도 한 분으로 충분하다는 것을 증명한다.

모든 것의 시작과 끝

기독교가 유대교에서 나왔지만, 결코 유대교에 의존하지 않는다는 것을 알면 크게 위로받을 수 있다. 우리 주 예수님은 "새 포도주를 낡은 가죽 부대에 넣는 자가 없나니 만일 그렇게 하면 새 포도주가 부대를 터뜨려 포도주가 쏟아지고 부대도 못 쓰게 되리라"(눅 5:37)라고 말씀하셨다. 기독교를 유대교에 담을 수 없다는 뜻이 이 말씀 안에 담겨 있다.

모세의 체제라고 할 수 있는 유대교와 기독교 사이에는 큰 심연이 있다. 비유를 들어보자. 사람은 어머니에게서 태어나 성장하여 성인이 된다. 그가 어머니에게서 태어났지만, 어머니가 죽어도 그는 독립적인 존재로서 계속 살아간다. 비록 기독교는 유대교에서 태어났지만, 유대교에서 독립하여 튼튼한 두 다리로 굳게 서 있다. 왜냐하면 유대교처럼 여호와 하나님을 반석으로 삼기 때문이다. 기독교가 유대교에 의해 예시된 것은 맞지만, 과거나 지금이나 유대교에 종속되지는 않는다.

히브리서는 그 자체의 강력한 힘에 의존하여 굳게 서 있다. 히브리서를 성전에 비유한다면, '히브리서'라는 성전 안에 영원한 아들이 하나님의 영원한 대제사장으로서 영원히 서 계신다. 이 편지는 '하나님'(God)이라는 말로 시작된다(KJV 영어성경 기준). 이 편지는 모든 것의 근원이신 하나님에게서 시작한다. 천지창조에 관한 책 창세기는 "태초에 하나님이"(창 1:1)로 시작하고, 속량에 관한 책 히브리서는 '하나님'으로 시작한다.

모든 것은 하나님 안에서 시작되고 그분 안에서 끝난다. 시간과 공간, 물질과 운동, 생명과 법, 형식과 질서, 목적과 계획, 모든 계승과 행진이 그렇다. 모든 것이 그분에게서 나오고 결국 그분께 돌아간다. 하나님으로부터 시작하고 끝나는 것이 아니라면 우리의 관심 대상이 될 가치가 없다. 왜냐하면 우리가 그분의 형상으로 창조되었기 때문이다. 우리는 이것을 눈을 크게 뜨고 분명히 보아야 한다.

내 생각을 보태자면 하나님에게서 시작되고 그분에게서 끝나는 게 아니라면 우리의 관심 대상이 될 가치가 없을 뿐 아니라 심지어 우리에게 올무가 될 수도 있다. 그분이 계시지 않는 곳을 바라보는 것은 결국 우리를 망하게 하는 적이다. 우리는 하나님의 형상으로, 그분을 위해 창조되었으므로 우리의 가장 중요한 본분은 그분을 섬기고 찬양하고 예배하고 영원히 즐거워하는 것이다.

그러므로 당신이 행하거나 계획하거나 관심을 두는 것이 그분에게서 시작되지 않는다면, 당신에게 올무가 된다. 그분에게서 시작되지 않은 것을 추구하려는 시도는 인간 타락의 결과이며, 아담 안에서 일어난 당신의 타락한 결과이다. 계획, 사업 추진, 활동, 철학, 신념, 삶의 동기 이런 것들이 그분에게서 시작되고 그분에게서 끝나지 않는다면 당신의 원수이다.

결국 사라져 없어질 것들과 운명을 같이 하는 일이 없도록 조심하라. 빛의 자녀이며 영원하신 분의 자녀인 우리는 영원히 없어지지 않는 것들을 위해 살라고, 즉 영원한 것을 바라보며 살라고 주님께 부름 받았다. 영원한 것을 묵상하며 살아가는 당신에게 '눈앞에 있는 것들과 운명을 같이하며 그것들에 시간을 투자하라'고 속삭이는 세상의 유혹에 넘어가지 않도록 조심하라.

다양한 때, 다양한 방법으로

히브리서 기자가 "말씀하신 … 말씀하셨으니"(히 1:1,2)라는 표현을 사용한 것에 주목하라. 히브리서가 기록될 때까지 이미 하나님은 4천 년 이상 인류에게 말씀하셨다. 인류는 그분과의 관계를 단절했고, 에덴동산에서 도망했고, 그분과 의사소통을 끊었다. 자기의 신들을 만들고 자기의 제단을 쌓고 기도를 중얼거렸다. 하나님에게서 멀어졌고, 그분을 마음에 두지 않았고, 그분과 단절되었다. 그리하여 인류에게 하나님은 단지 전통으로 남게 되었다. 에덴동산에서 들리던 음성이 들리지 않게 되었다. 그 음성이 사라진 것이 아니라 인간이 듣지 않았기 때문이다.

만일 하나님이 찾아오시지 않았다면 그 상태로 여러 세대가 흘러가다가 결국 인간이나 자연이 쇠약해져 사라져버렸을 것이다. 그러나 그분이 찾아오셔서 말씀하심으로 말씀이 들리게 되었다! 사실 하나님은 에덴동산에서 아담에게 말씀하셨고, 그가 에덴에서 쫓겨난 후에도 말씀하셨고, 노아와 아브라함에게 말씀하셨고, 다윗에게 말씀하셨고, 그 후에도 계속 말씀하셨다. 창세 이후 선지자들은 모두 그분의 음성을 들었다. 그렇다! 그분은 말씀하신다. 말씀하고 계신다. 히브리서의 표현을 빌리자면, '여러 부분과 여러 모양으로'(다양한 때에 다양한 방법으로) 말씀하신다.

하나님이 다양한 시대에 다양한 사람들에게 말씀하셨지만, 그분의 말씀은 언제나 성경의 모든 말씀과 조화를 이루었다. 글을 읽을 때 당신이 한 단어에 너무 집중하여 무리하게 살피고 분석한다면 의미가 퇴색되어 그 뜻조차 믿지 못할 것이다. 이는 성경 연구에도 해당한다. 어떤 한 말씀에 매몰되어 극단적으로 밀고 나간다면, 특히 그 말씀의 빛에 따라 살지 않으면서 그런다면 그 말씀이 당신에게 어둠으로 변할 것이다.

어떤 이들은 "진리의 말씀을 옳게 분별하며"(딤후 2:15)라는 바울의 말을 인용하면서 성경을 제대로 이해하려면 말씀의 의미를 쪼개야 한다고 말한다. 이것이야말로 사랑하는 형제 바울이 하나님께 받은 지혜대로 쓴 성경을 응하게 하는 것이라고 믿는다. 이에 대해 베드로는 "그 모든 편지에도 이런 일에 관하여 말하였으되 그중에 알기 어려운 것이 더러 있으니 무식한 자들과 굳세지 못한 자들이 다른 성경과 같이 그것도 억지로 풀다가 스스로 멸망에 이르느니라"(벧후 3:16)라고 말했다. 말씀을 분별하기 위해 성경을 파헤쳐야 한다고 말하는 자들은 "너는 진리의 말씀을 옳게 분별하며 부끄러울 것이 없는 일꾼으로 인정된 자로 자신을 하나님 앞에 드리기를 힘쓰라"(딤후 2:15)라는 바울의 말을 잘못 적용한 것이다. 이런 잘못된 성경 교사들은 각종 칼로 하나님의 거룩한 말씀을 작은 조각으로 쪼개고 얇게 저며서 펴는 작업을 한 세대 동안 해왔다. 이제 그분의 말씀은 도마 위에서 피 흘리며 떨고 있다.

우리가 명심해야 할 것은 성경의 모든 부분이 우리를 위한다는 점이다. 성경의 모든 부분이 '나에 대한 것'은 아니지만, '나를 위한 것'은 사실이다. 이 원리를 받아들이고 적용하여 성경을 연구한 곳이 무디성경학교이다. 이 원리를 명심하면 유익할 것이다. 하나님께서 다양한 시대에 다양한 사람들에게 말씀하셨을 때 그 말씀은 그분의 다른 말씀들과 조화를 이루었다.

어떤 이들은 바울과 야고보의 사상이 서로 다르다고 하면서, 야고보는 행위를 주장했고 바울은 믿음을 가르쳤다고 말한다. 그러나 그렇게 말하는 사람들은 바울이 믿음과 행위를 가르쳤고, 야고보가 행위와 믿음을 가르쳤다는 것을 모른다. 바울과 야고보는 모두 믿음과 행위를 가르쳤다. 다만 조금 다르게 표현했을 뿐이다. 한 사람은 사람들이 순종 없이 믿으려고 한다는 것을 지적했고, 또 한 사람은 사람들이 믿음 없이 순종하려고 한다는 것을 꿰뚫어 보았다. 그리고 두 사람 모두 성장하지 않는 그리스도인들을 꾸짖었다. 하나님은 어디에서 말씀하시든지 간에 동일하게 말씀하신다. 하나님은 한 분이시고 언제나 그분의 동일한 본성에 따라 말씀하시기 때문에 모든 이에게 같은 말씀을 하신다. 동일한 은혜, 동일한 사랑, 동일한 공의, 동일한 거룩함, 동일한 의(義), 동일한 선(善)을 말씀하신다. 성부와 성자와 성령은 어디에서 말씀하시든지 간에 항상 그분들의 동일한 본성에 따라 동일한 것을 말씀하신다.

나는 계시가 장구한 세월 동안 점차 넓어지고 늘어나는 것을 성경에서 보았다. 하나님은 이해하기 쉽지 않은 말씀을 뱀에게 하셨다. 여자의 후손과 뱀 사이에 싸움이 있으리라고 말씀하시며 뱀의 머리가 상할 것이고, 장차 임할 승리자의 발꿈치도 상할 것이라고 하셨다(창 3:15 참조). 하나님은 하와에게 출산의 고통, 사회적 지위와 가족 내 위치에 대해 말씀하셨다. 아담에게는 저주받은 땅, 먹고 살기 위한 수고, 피할 수 없는 죽음에 대해 말씀하셨다. 가인과 아벨에게는 제사를 통한 용서에 대해 말씀하셨다. 노아에게는 은혜와 자연의 질서에 대해 말씀하셨다. 아브라함에게는 인류를 위해 속죄를 이룰 구속자가 그의 후손 중에서 나올 것이라고 말씀하셨다. 모세에게는 율법과 레위인에 관한 법을 주셨고, 모세 같은 선지자를 세우실 것이라고 말씀하셨다(사실 그분은 모세보다 훨씬 우월한 선지자이시다).

그렇다! 하나님은 '다양한 때에 다양한 방법으로' 말씀하셨다. 언제나 그분은 동일한 것에 대해 말씀하셨지만, 늘 같은 방법으로 말씀하신 것은 아니다. 비유를 하나 생각해보자. 당신과 의사소통하기를 원하는 사람은 담장 너머에서 당신에게 소리칠 수도 있고, 전화를 걸 수도 있고, 전보를 칠 수도 있고, 편지를 쓸 수도 있고, 속삭일 수도 있고, 고함을 지를 수도 있다. 당신과 의사소통하는 사람은 같지만, 상황에 따라 다른 방법을 사용하는 것이다. 하나님은 다양한 방법으로 말씀하셨다. 여기서 '다양한'(diverse)이라는 말은 '다른'(different)의 옛 표현이다. 그분은 다른 때에 다른 사람들에게 다른 것들을 통해 말씀하신다.

성경 속에서 말씀하시는 하나님

아담과 하와

하나님은 에덴동산에서 아담과 하와에게 말씀하셨다. 그들은 날이 서늘할 때 동산에서 거니시는 하나님의 부드러운 음성을 들었다. 당신이 그 음성을 어떻게 느낄지, 또는 그 음성에 대해 생각해본 적이 있는지 나로서는 알 수 없다. 하지만 나라면 그 음성이 다시 울려 퍼지는 것을 듣고 '이제 이 음성을 영원히 들을 수 있구나!'라고 말할 수 있을 때 비로소 온전히 행복해질 것이다. 날이 서늘할 때 동산에 울려 퍼졌던 하나님의 부드러운 음성이 장차 우주 전체에 울려 퍼져서 그분의 속량 받은 자녀들을 하나로 모을 것이다.

아브라함

또한 하나님께서는 깊은 잠에 빠진 아브라함에게 말씀하셨다. 하나님이 어떻게 말씀하셨는지 내게 묻지 말라. 하나님이 어떻게 그에게 말씀하셨는지는 나도 모른다. 나는 그분이 영감을 주시는 구체적 방법을 이해해보려고 노력했지만, 번번이 실패했다. 그런데 나는 학식이 많은 내 형제들 중 어떤 이들이 내놓는 설명을 도저히 받아들일 수 없다. 한 가지 증거에 집착하고 다른 모든 증거를 거부하는 그들의 태도를 이해할 수 없다. 모든 것을 아는 사람은 한가운데 앉아서 "제게 묻지 마세요. 주여, 당신이 아십니다. 저는 모릅니다"라고 말할 필요도 없고 고민할 필요도 없으니 속이 편하겠지만, 그런 사람은 존재하지 않는다.

하나님께서 깊은 잠에 빠진 사람에게 어떻게 말씀하셨는지를 나에게 묻는다면 "내게 묻지 마세요. 나는 모릅니다"라고 대답할 수밖에 없다. 살아 있는 자 중에서 그것을 아는 사람은 없다. 자기가 안다는 착각에 빠진 사람들이 몇몇 있을 뿐이다. 중요한 것은 아브라함이 하나님의 음성을 들었고, 그가 들은 것을 기록했다는 것이다. 하지만 그분의 음성이 어떻게 그에게 전달되었는지는 조금도 알지 못한다.

모세와 선지자들

모세도 하나님의 음성을 들었다. 하나님은 떨기나무에서

그에게 말씀하셨다. 산에서 말씀하셨고, 돌판에 그분의 손가락으로 글을 써서 말씀하셨다. 선지자들은 하나님께서 꿈과 환상과 표적과 상징을 통해 주시는 말씀을 들었다. 세상은 하나님이 침묵하신다고 생각하지만, 그분은 침묵하지 않으신다. 하나님이 침묵하신다고 믿는 것은 큰 오류이다. 그분은 사람들이 들을 수 없는 곳에서만 침묵하신다. 하나님의 음성은 그분의 세계 전체에 계속 울려 퍼지며, 그 음성을 들을 수 있는 자들은 선지자와 사도와 선교사와 개혁가와 전도자와 성경 교사이다.

성경의 영감

나는 이 세상 누구보다 성경의 영감을 확고히 믿는다. 들을 귀가 없는 사람들이 성경을 읽으면 성경은 천 년 동안이라도 침묵한다. 사도행전 8장에 나오는 에디오피아 내시는 길을 가면서 이사야서 53장을 읽었다. 그가 읽은 부분은 따로 설명이 필요 없을 정도로 이해하기 쉬운 말씀이었지만, 그는 그 의미를 깨닫지 못했다. 빌립이 그 의미를 설명해주었을 때 비로소 깨달았다.

성경의 역본들

성경을 꾸준히 읽는다고 해도 성경에서 음성을 듣지 못해 결국 그 의미를 깨닫지 못하는 일이 실제로 일어날 수 있다. 성경에서 들리는 음성은 성경의 내용과 모순되는 것을 말하지 않는다. 그 음성은 성경을 통해 말한다. 성경은 전능한 하나님의 말씀을 전하는 나팔 같은 것이다. 그런데 성경을 번역하고 또 번역해서 천 가지 역본을 만들어 읽는다고 해도 나팔을 울리게 하는 그분의 음성을 듣지 못한다면 나팔이 무슨 소용이겠는가?

오늘날 성경 역본이 매우 다양한데, 이것은 물론 좋은 일이다. 성경은 자꾸 번역되어야 한다. 새 성경 역본이 나오면 최대의 고객은 바로 나다. 나는 새로 나온 역본을 사지 않고는 못 배긴다. 내 책장에는 수많은 성경으로 가득하다. 그러나 그 많은 역본이 내게 아무 도움이 안 될 수도 있다. 왜냐하면 하나님께서 "너는 그 일을 40가지 다른 방법들로 행하라"라고 말씀하실 수도 있기 때문이다.

한 가지 비유를 들어보자. 만일 주님이 나에게 "존스 형제에게 가서 사과하라"라고 말씀하신다면, 내가 문제에서 벗어날 수 있는 유일한 방법은 존스 형제에게 가서 나를 낮추고 사과하는 것이다. 그런데 나는 사과의 말을 여러 가지 언어로 표현할 수 있다. '필립스성경'(the Phillips translation)의 활기 넘치는 일상적 현대어로 말할 수 있고, '킹제임스성경'(King James Version)의 기품 있는 언어로도 말할 수 있다. 원문에서 많이 벗어난 '뉴잉글리시 버전'(New English Version)의 언어로도 말할 수 있다. 내가 원하는 어떤 방법으로든 표현할 수 있다. 하지만 어떤 표현을 사용하느냐는 전혀 중요하지 않다. 만일 내가 존스 형제에게 가서 사과하지 않는다면 하나님과 나 자신을 실망하게 만드는 것이다. 그러므로 나는 당신이 어떤 성경 역본을 사용하는지 전혀 문제 삼지 않겠다. 그리고 좀 다른 얘기지만, 나는 마귀가 성경을 번역했다고 믿지 않는다. 나를 믿게 하려고 누군가 몹시 애를 쓰지만, 나는 마귀가 번역한 성경을 받아들인 적이 없다.

내가 말하고 싶은 것은 다음과 같다. 하나님은 다양한 방법으로 말씀하셨다. 다양한 사람에게 다양한 방법으로 말씀하셨고, 그 말씀 중 어떤 것들이 기록되게 하셨다. 그렇게 해서 탄생한 책이 모든 교리, 도덕, 기독교 윤리 그리고 모든 믿음을 판단하는 최종 잣대가 된다. 이 책을 통해 음성이 들리기 전에는, 성령께서 이 책이 살아나 우리 마음에 다가오게 하시기 전에는 마치 바위처럼 죽은 채 누워 있는 것이다. 성경은 그것에 영감을 불어넣은 영에 의해 이해되어야 한다. 히브리서 1장 1절의 '여러 부분'은 '여러 조각'으로 번역될 수도 있다. 실제로 어떤 역본들은 '조각들'(fragments)이라는 표현을 사용했는데, 전체가 아직 완전히 드러나지 않았다는 의미에서는 이 번역이 맞다고 생각한다. 이 모든 조각은 '어떤 것'을 가리키며 무언가를 기다린다. 이 조각들은 구약성경이다. 구약 자체만으로는 불완전하다. 구약은 문 없는 집 같아서 다른 어떤 것을 기다린다. 그런데 성령께서는 "하나님이 이 모든 날 마지막에는 아들을 통하여 우리에게 말씀하셨으니"(히 1:1,2)라고 말씀하신다.

오직 한 음성으로 말씀하신다

하나님께서는 옛적에 선지자들을 통해 말씀하셨다. 그러면 지금은? 전에는 여러 목소리로 말씀하셨지만, 지금은 한목소리, 그분의 아들 우리 주 예수 그리스도의 음성으로 말씀하신다! 여러 음성이 아니라 오직 한 음성으로 말씀하신다. 예수 그리스도의 음성을 듣지 못하는 것은 하나님의 음성을 듣지 못하는 것이다. 이에 대해 경고하시기 위해 예수님은 이 땅에서 일하실 때 "내가 곧 길이요 진리요 생명이니 나로 말미암지 않고는 아버지께로 올 자가 없느니라"(요 14:6)라고 말씀하셨다. 이제 '길'은 '음성'이 된다.

나는 말씀이 (이런 표현을 감히 쓸 수 있다면) '아들을 향하고 있다'라고 표현하고 싶다. 하나님은 '아들을 통하는 방법으로' 말씀하셨다. 그분의 아들을 통해 말씀하셨다. 하나님의 아들 안에서 그분의 사람들에게 말씀하셨고, 그분의 아들은 '말씀'이라고 불리신다. 하나님이 말씀하셨고 마리아가 잉태했고, 말씀이 아기가 되셨고 또 성인이 되셨다. 이분이 '말씀하시는 하나님'이시다. 이분이 영원한 아들이시다(여기서 창세 전 '아들의 영원한 출생'을 알게 된다). 하나님의 영원한 아들은 성부와 동등하시다. 인성(人性)은 성부보다 못하시지만, 신성(神性)은 성부와 동등하시다. 성부처럼 영원하시고 성부와 동등하시고 본질이 같으시다. 이런 분이 육신이 되셨지만, 그렇다고 해서 이전의 존재, 즉 말씀으로서의 존재가 사라진 것은 아니었다. 말씀은 하나님께서 그분의 우주에 말씀하시는 통로이다. 그러므로 하나님은 지금도 말씀하고 계신다.

신약성경(특히 복음서)을 읽으면 예수 그리스도의 영이 그 안에 계시고, 성경에 감동을 주셨음을 알게 된다. 성경을 읽는 것은 단지 누군가의 말을 듣는 것이 아니라 '영원한 말씀'을 들는 것이다. 그냥 빛을 보는 것이 아니라 "참 빛 곧 세상에 와서 각 사람에게 비추는 빛"(요 1:9)을 보는 것이다. 다른 세계에서 온 음성을 듣는 것이다. 그렇다! 메아리를 듣는 것이 아니라 다른 세계에서 온 음성을 듣는 것이다. 하나님은 전에 여러 음성으로 말씀하셨지만, 지금은 한 음성으로 말씀하신다.

히브리서가 전하려는 메시지는 예수 그리스도께서 '말씀하시는 하나님'이시라는 것이다. 하나님은 여기저기 흩어진, 임시적인, 불완전한 것들을 통해 말씀하시지 않고 분명한, 들을 수 있는, 온전한, 최종적인 방법으로 말씀하신다. 하나님이 오늘날 모든 신앙인에게 말씀하고 싶으신 것은 바로 영원한 아들이시며 대제사장이신 예수 그리스도이시다. 믿음이 있는 곳이라면 어디에서나 그렇다!

그곳은 하늘의 성전이 높이 솟아 있는 곳
손으로 빚지 않은 하나님의 집이 있는 곳
대제사장께서 우리의 본성을 입으신 곳
우리를 지켜주는 분이 나타나시는 곳

_마이클 브루스(Michael Bruce, 1746~1767)

〈높이 솟은 하늘의 성전〉

나무 뒤에 숨는 사람들

아담은 에덴동산에서 나무 사이에 숨었다(창 3:8). 하지만 지금 어떤 이들은 신학의 나무 뒤에, 누군가는 철학의 나무 뒤에, 또 누군가는 이성의 나무 뒤에 숨는다. 그러나 모두 이 나무들 뒤에 숨지 말고 앞으로 나와 하나님의 말씀을 들어야 한다. 하나님은 그분의 아들 안에서 우리에게 말씀하셨는데, 그 말씀은 철학이나 추론하는 지성에 관한 것이 아니라 마음에 관한 것이었다. 하나님의 영원한 아들, 그 아들이 우리와 맺는 관계, 그리고 우리가 그분과 맺는 관계, 이런 것들은 도덕적인 문제이다. 즉, 양심과 행위와 순종과 충성의 문제이다. 예수 그리스도는 천사들과 모세와 멜기세덱과 모든 대제사장보다 크신 분이시다. 우리의 미래는 그분과 깊이 연관되어 있다. 그리스도는 우리 각 사람의 미래와 도저히 뗄 수 없는 관계이다. 그분을 떠나서는 다른 누구에게서도 도움을 구할 수 없다. 다른 도움은 없다!

그런데 하나님이 침묵하시는 공백기가 있을까? 과거에 '말씀하신 하나님'과 미래에 '말씀하실 하나님' 사이에 침묵하시는 하나님이 계신가? 그렇지 않다! 그런 공백기는 역사상 어느 때도 없었고, 지금도 존재하지 않는다. 과거에 말씀하신 하나님이 지금도 말씀하시는데, 그 말씀이 당신을 마지막 날에 심판할 것이다.

과거에 말씀하신 하나님은 지금도 말씀하고 계시며, 앞으로도 계속 말씀하실 것이다. 지금 그분은 우리에게 자신을 살피라고 하신다. 우리는 십자가에서 흘린 피와 찢긴 몸을 믿고 의지해야 한다. 하나님 우편에서 영원히 우리의 큰 대제사장으로 서기 위해 우리의 이름을 가슴과 손과 어깨에 새기고 승천하신 대제사장을 믿어야 한다. 주님은 이 세대를 위한 그분의 목적을 이루기까지 하나님 우편에서 큰 대제사장으로 계시다가 때가 차면 돌아와 우리와 함께 계실 것이다. 그때가 되면 우리는 주님과 우리 사이에 중간 매개체 없이 그분의 음성을 듣게 될 것이다. 그 음성은 우리에게 직접 말씀하시는 하나님의 음성일 것이다. 우리는 그 음성을 이해하고 목자의 음성을 알고 그분의 얼굴을 볼 것이며, 그분의 이름이 우리의 이마에 있을 것이다(계 22:4).

그리스도인이 확신을 가질 수 있는 이유는 성령께서 하나님의 말씀을 통해 확증해주시기 때문이다. 이 확증에서 참된 믿음이 나오며, 이 믿음으로 말씀하시는 하나님의 음성에 대한 이 시대의 반응과 조화를 이루게 된다.

하나님의 책이 얼마나 귀한가!

성령의 감동으로 기록된 책!

그 책의 진리가 등불처럼 밝은 빛을 비추어

우리의 영혼을 천국으로 인도하네

그 책의 빛이 위로부터 내려와

침울한 세상에 새 힘을 주고

구주의 끝없는 사랑을 보여주며

구주의 영광을 드러내도다

이 거룩한 책은

우리가 걸어온 방황의 길을 말해주고

우리가 발로 밟았던 곳을 보여주며

용서의 하나님의 비할 데 없는 은혜를 드러내도다

좁고 험한 모든 길에

환한 빛을 비추니

지칠 줄 모르는 그 빛은

점점 더 커져 온전히 밝아진다네

이 어두운 눈물 골짜기에서

낙심에 굴복하는 우리의 마음을 소생시키고

생명과 빛과 기쁨을 계속 건네며

엄습하는 두려움을 날려버린다네

이 등불이 길고 지루한

인생의 밤을 견디도록 이끌어주니

결국에는 영원한 날의

더 밝은 빛을 보게 해준다네

_존 포셋(John Fawcett, 1740~1817)

〈하나님의 책이 얼마나 귀한가!〉

믿음은
하나님의 얼굴을 바라본다

그러므로 만물이 그를 위하고 또한 그로 말미암은 이가 많은 아들들을
이끌어 영광에 들어가게 하시는 일에 그들의 구원의 창시자를 고난을
통하여 온전하게 하심이 합당하도다 _히 2:10

하나님은 주권자이시기에 그분의 행위에 대해 인간에게 일
일이 설명하지 않으시며, 인간의 심판대 앞에 서지 않으실 것
이다. 그러나 하나님이 이성적 존재로 창조하신 인간이 비이
성적인 것들을 설명하지 못하고 넘어간다면 그것은 인간의 사
고방식과 어울리지 않는다. 그래서 하나님은 종종 우리에게

설명해주신다. 주권적 하나님이 우리를 책임지셔야 하기 때문이 아니라 우리를 그분의 형상대로 창조하시고 존귀하게 하신 하나님이 우리의 의문을 풀어주기로 선택하셨기 때문이다. 따라서 히브리서 2장 10절에서 "(하나님께서) … 그들의 구원의 창시자를 고난을 통하여 온전하게 하심이 합당하도다"라고 하는 것이다. 하나님은 그런 일이 어떻게 가능한지 우리에게 보여주기를 원하신다.

그리스도의 성육신이라는 위대한 진리, 그리고 삼위일체의 두 번째 위격의 낮아지심(죽음의 고난)이라는 진리는 인간의 이성 앞에서 정당화되어야 한다. 그 이유는 인간이 하나님에게 가서 책임을 물을 수 있기 때문이 아니다(그런 일은 상상할 수 없다). 그분은 누구에게도 책임지지 않으신다. 어느 인간도 그분께 책임을 물을 수 없고, 오히려 만인이 그분 앞에서 책임을 져야 한다. 그런데 하나님은 "내가 행한 모든 것은 내게 합당하다"라고 말씀하신다. 여기서 '합당하다'(become)에는 '적절하다'라는 뜻이 있다. 즉, "옳은 일이다, 온당한 일이다, 어울리는 일이다"라는 뜻이다. 나는 그분이 내가 이해할 수 없는 일들을 이루셨기 때문에 지극히 행복하다.

하나님이 나를 위해 비행기를 몰아주신다면, 거대한 기계를 조종해주신다면, 내 삶을 할당해주신다면, 나를 위해 이런저런 계획을 세워주신다면 나는 기꺼이 받아들일 것이다. 내가 이런 마음을 갖는 이유는 나는 그 일들을 할 수 없지만, 그분은 하실 수 있기 때문이다. 하나님께는 능력이 있지만 나는 없다. 그렇지만 하나님의 형상으로 창조된 내가 어떤 일이 왜 이루어졌는지를 알고 싶어 하는 것은 당연하다. 적어도 그 일이 불합리하지 않다는 것을 알고 싶어 할 수 있다.

하나님의 일은 하나님의 방법으로

하나님이 무슨 일을 행하셨든지 간에 그 일을 잘하셨다는 것을 확인해야 내 마음이 편해진다. 그분이 행하신 일이 옳다는 것을 확신할 때 비로소 내 지성은 고민에서 벗어날 수 있다. 아침에 일어나 오늘 일이 어떻게 진행되더라도 괜찮다는 것을 안다면 정신 건강에 좋다.

어차피 오늘 일은 나에게 유리하게 전개될 수도 있고 불리하게 전개될 수도 있다. 전자의 경우라면 하나님의 은혜로 말미암은 것이고, 후자라면 나에게 하나님의 연단이 임한 것이다. 하지만 어떤 경우든지 결국에는 나에게 좋은 일이다.

사도 바울은 "그러나 만일 육신으로 사는 이것이 내 일의 열매일진대 무엇을 택해야 할는지 나는 알지 못하노라 내가 그 둘 사이에 끼었으니 차라리 세상을 떠나서 그리스도와 함께 있는 것이 훨씬 더 좋은 일이라"(빌 1:22,23)라고 말했다. 우리는 바울과 같은 믿음을 가지고 눈에 보이는 것을 의지하지 말아야 한다. 그 무엇에도 기대지 말아야 한다.

때때로 나는 사람들이 건물에 기대어 서 있는 것을 보면 입가에 미소가 번진다. 물론 그들은 휴식을 취하기 위해 그렇게 하는 것이겠지만, 건물 입장에서는 전혀 필요하지 않은 일이다. 그들은 거기에서 많은 시간을 낭비하고 만다. 우리는 그 무엇에도 의지하지 않고, 그 무엇도 알아내려고 애쓰지 않는다. 나는 하나님께서 행하시는 방법을 알아내려고 애쓰지 말라고 당신에게 경고하고 싶다.

두 종류의 그리스도인

그리스도인은 기본적으로 두 가지 유형으로 나뉜다.

1. 떠벌리는 그리스도인

첫 번째 유형은 소식통이 있다고 떠벌리는 사람들이다. 이런 사람들은 "이 얘기는 아직 뉴스로 보도된 것은 아니지만 소식통에 따르면 그들이 이렇게 할 거랍니다"라고 말한다. 이렇게 말하는 사람들은 하나님의 계획을 알 수 있는 전용회선을 가지고 있다는 착각에 빠져 있다. 어떤 사람이 넘어져 다리가 부러졌다면 그들은 즉시 눈썹을 치켜올리며 "아, 그러면 그렇지! 그 사람 벌 받을 줄 알았어!"라고 말한다. 그러나 그들은 정말로 알았던 것이 아니다. 그들은 그 다리 부러진 사람을 좋아하지 않는 비열하고 옹졸한 사람들일 뿐이다. 그가 다리가 부러진 것을 속으로는 고소해하지만 그래도 신앙이 있으니까 그 사건에 신앙적 해석을 갖다 붙이는 것이다.

이런 그리스도인들처럼 되지 말라! 이웃집 사람이 다리가 부러졌을 때 당신은 "교회에 나오지 않기 때문이야" 또는 "십일조를 하지 않기 때문이야" 또는 "기도하지 않기 때문이야"라고 말하고 싶은가? 그렇다면 당신의 다리가 부러졌을 때는 뭐라고 말할 것인가? 아마 말문이 막혀서 아무 말도 하지 못할 것이다.

2. 주께 맡기는 그리스도인

이와 다른 두 번째 유형의 그리스도인은 모든 것을 주님께 맡긴다. 그는 하나님께서 행하시는 방법들을 알려고 애쓰지 않는다. 왜냐하면 그것들은 본래 알 수 없는 것이기 때문이다.

다시 말하지만, 하나님께서는 우리에게 지성을 주시고 존귀한 자로 만들어주셨기 때문에 때로는 우리의 지성을 무시하지 않고, "이것을 행하는 것이 내게 합당하다. 걱정하지 말라. 나는 올바로 행할 것이다"라고 친절히 설명해주신다. 나는 그분의 설명을 믿고 그에 따라 살아간다. 하나님이 올바로 행하실 것을 믿는다. 구약의 아브라함은 "세상을 심판하시는 이가 정의를 행하실 것이 아니니이까"(창 18:25)라고 말했다. 그는 이것을 어떻게 알았을까?

17세기나 20세기 사람이 아브라함처럼 말했다고 가정해보자. 그들은 이미 수천 년에 걸쳐 주어진 성경의 계시를 알았을 것이다. 위대한 설교자들의 설교와 위대한 개혁가들의 가르침을 들었을 것이다. 사도들의 교훈, 육신으로 세상에 오신 그리스도, 선지자, 시편 기자, 그리고 모세를 알았을 것이다. 19세기나 20세기의 사람은 이 모든 것을 알았을 것이다. 그러므로 그 사람이 아브라함처럼 말하는 것을 듣고 "저 사람은 올바로 깨달았다"라고 말하는 것은 지극히 당연하다.

하지만 그 말을 한 사람은 다름 아닌 아브라함이었다! 그에게는 단 한 줄의 성경이 없었다. 그는 누군가가 부르는 찬송가 소리를 들은 적이 없는 사람이었다. 평생 설교를 들은 적도, 기도회나 사경회에 참석한 적도 없었다. 하나님의 자녀들이 모인 곳에 간 적도 없었다. 그는 갈대아 우르의 이교도 집안에서 태어났다. 그런 그에게 '하나님은 정의를 행하셔야 한다. 세상을 심판하시는 분이 그릇 행하시면 안 된다'라는 생각이 떠올랐다. 그리고 이 생각은 아브라함의 삶을 떠받치는 기둥이 되었다. 오늘날 우리는 "세상을 심판하시는 이가 정의를 행하실 것이 아니니이까?"라는 질문에 확실히 "당연히 그렇게 하실 것이다!"라고 대답해야 한다. 세상을 심판하시는 이가 정의를 행하실 것이다!

악의 뿌리

성경의 기본 진리에 따르면 대부분 악은 하나님을 낮게 평가하는 데서 나온다. 시편 말씀에 그 진리가 드러난다.

"(네가) 도둑을 본즉 그와 연합하고 간음하는 자들과 동료가 되며 네 입을 악에게 내어주고 네 혀로 거짓을 꾸미며 앉아서 네 형제를 공박하며 네 어머니의 아들을 비방하는도다 네가 이 일을 행하여도 내가 잠잠하였더니 네가 나를 너와 같은 줄로 생각하였도다 그러나 내가 너를 책망하여 네 죄를 네 눈

앞에 낱낱이 드러내리라"(시 50:18-21).

우리는 늘 하나님을 우리의 모습으로 만들어 인간의 수준으로 끌어내리려고 애쓴다. 하나님을 '특별히 크고 매우 지적이고 선한 집사'로 여기는 교인들이 교회에 많다고 나는 확신한다. 그들은 하나님이 그들처럼 생각하시도록 만들고자 애쓴다.

그러나 하나님이 나처럼 생각하시도록 만들려고 노력할 일이 아니다. 그저 그분처럼 생각하기 위해 열심히 기도하고 묵상하면 된다. 하나님이 나를 그분의 형상으로 만드셨기 때문이다. 나는 그분을 나처럼 만들 수 없다. 세상과 교회와 나를 다루시는 그분의 방법을 전적으로 받아들여야 함을 항상 기억하고 자신에게 이렇게 말해보라. "하나님을 네 마음대로 바꾸려고 하지 말자. 그분을 그대로 받아들이자. 그분이 무엇을 행하시든지 그것은 합당하고 옳은 일이다. 하나님이 행하셔야 할 일이기 때문이다. 그것을 바꾸려고 하지 말자."

하나님께서 행하시는 모든 일은 완전한 지혜로 이루어지기 때문에 어떠한 실수도 없음을 기억하라. 그러면 신앙의 성장과 영적 능력을 얻고 놀라운 마음의 평안이 찾아올 것이다. 하나님의 일은 완벽하게 성취되기 때문에 조금도 그릇되지 않고, 온전히 선하신 하나님에게는 어떤 무자비함도 없다. 하나님은 완전히 공의로우시기에 불공정하지 않고, 무한히 강하시기에 실패가 없다. 우리는 이 놀라운 진리 위에 서야 한다. 모래 위에 집을 지어서는 안 된다. 비유하자면 모래를 파내고 그 아래 기반암을 기초로 삼아야 한다. 미국 뉴욕주는 하나의 거대한 바위, 단단한 기반암 위에 세워져 있다. 건축가들은 그 기반암에 닿기 위해 그 위에 있는 바위들을 부수고 정으로 쪼아야 했다. 그것은 아주 잘한 일이었다. 인구가 집중되는 곳에 고층 건물까지 들어서면 약한 지반을 무너뜨렸을 것이기 때문이다. 하지만 반석을 무너뜨릴 수는 없다. 하나님은 우리의 반석이시다!

우리는 하나님에 관한 이런 진리들을 반석 삼아 서 있다. 따라서 구원은 그분의 지혜로운 계획이 온전한 선하심 가운데 한 치의 오차 없이 실행되어 무한히 유효한 완성에 이르는 것이다.

선하신 하나님의 계획

간단히 말해, 무한히 지혜로우신 하나님께서 우리를 위한 계획을 갖고 계시다. 그런데 하나님께서는 그 계획을 온전한 선하심 가운데 이루신다. 털끝만큼의 악의도 없고 눈곱만큼의 사악함도 없이 온전히 선하시다.

언젠가 어떤 사람이 그리스도인에 관한 글을 쓰면서 하나님의 사람들의 뿌리 깊은 악의를 지적했다. 물론 나는 그 글을 좋아하지 않고, 그 글을 쓰지 않았으면 좋았으리라 생각한다. 그러나 지금까지 여러 부류의 사람을 접해보니 그리스도인들이 모인 교회에서 발견되는 악의가 다른 어떤 곳에서 발견되는 악의보다 더 교묘하게 느껴진다. 그리스도인들은 그들의 악의를 아주 잘 위장한다.

죄인을 예로 들어보자. 죄인은 담배꽁초를 아무 데나 버리거나 큰소리로 욕한다. 그리스도인들은 그 정도로 예의가 없지는 않다. 대신 그리스도인은 목소리를 낮추고 경건한 톤으로 말한다. 하지만 그것은 (비유적으로) 자신의 가죽을 벗겨내는데도 자기 몸에서 가죽이 벗겨진 것을 모르는 것과 같다. 누군가 그의 몸을 건드리기만 해도 가죽이 바닥에 떨어질 것이다. 그리스도인들의 언행은 지극히 경건하고 완벽하다. 그래서 하나님을 제외한 모든 이들이 우리가 고상하다고 여긴다. 그러나 여기에 교묘한 악의가 숨어 있다! 우리는 이런 악의를 버려야 한다.

하나님이 행하시는 모든 것은 온전히 선하다. 그분은 모든 것을 흠 없이 행하신다. 언제 어디서나 그분의 행하심에는 털끝만큼의 흠도 찾을 수 없다. 그러나 '완성의 때', 즉 모든 것이 끝날 때가 찾아올 것이다. 우리는 그 끝을 향해 달려가고 있다. 머지않아 그 최종 목적지에 도달할 것이다.

그리스도의 두 가지 사역

히브리서 2장 10절에서 그리스도의 사역이 두 가지 측면에서 나타나는 점을 주목해보자. 하나는 죄인들을 구원으로 이끄시는 것이고, 또 하나는 아들들을 영광으로 이끄시는 것이다. 그리스도께서는 "그러므로 너희는 가서 모든 민족을 제자로 삼아 아버지와 아들과 성령의 이름으로 세례를 베풀고 내가 너희에게 분부한 모든 것을 가르쳐 지키게 하라 볼지어다 내가 세상 끝날까지 너희와 항상 함께 있으리라"(마 28:19,20)라고 말씀하셨다.

우리가 받은 명령은 세상에 나가 사람들을 회심시키라는 것이다. 죄인을 구원으로 이끄는 것이다. 그다음에 할 일은 그들을 교회로 데려와 가르치는 것인데, 그것은 자녀들을 영광에 이르도록 돕는 일이다. 하나님께서 이 일을 이루실 때 사용하시는 방법은 말씀, 훈련, 징계, 기도 그리고 성도의 교제이다. 그분이 사용하시는 방법은 여러 가지이지만, 결국 그분의 목적은 자녀들을 영광에 이르게 하는 것이다.

회심했을 때 당신은 '구원 수료증'을 받지 않았다. 구원은 그런 식으로 일어나지 않는다. 회심했을 때 당신은 거듭났다. 죄인이었다가 그리스도인이 되었다. 아들이 되었다. 그러나 '완전하게 된 아들'은 아니었다. '완성된 아들'은 아니었다. 다만 아들로서 첫걸음을 내디뎠을 뿐이다. 주님께서 당신이 첫걸음을 내딛게 하신 것은 당신을 영광에 이르게 하기 위해서였다.

회심에 대한 왜곡된 견해

많은 그리스도인이 선한 의도를 가졌지만, 회심에 대해 왜곡된 견해를 발전시켰다. 그들의 눈에는 회심만 보이기 때문에 다른 것들은 중요하지 않다. 그러나 거듭남은 새 생명의 시작일 뿐이다. 생명이 있는 곳에는 성장이 있어야 한다. 성장이 없으면 생명이 사멸하기 시작한다. 당신이 성장을 멈춘다면 아래로 내려가는 것이다. 물론 이런 이야기를 듣고 싶어 하는 사람은 아무도 없다. 우리는 날마다 새로워지고 있다고 생각하기를 좋아한다. 사실 우리는 어느 정도 날마다 새로워지고 있으며, 또 어느 정도 그렇지 못하다. 거듭남은 생명의 시작이고, 성화는 그 생명이 성령, 보혈, 말씀, 믿음, 기도, 훈련, 노력 그리고 환난을 통해 성장하는 것이다. 우리는 영적 양식을 먹어야 한다. 베드로는 우리가 갓난아기들처럼 순전한 젖을 먹어야 한다고 말했다(벧전 2:2).

언젠가 나는 다이어트를 했다. 나는 자가치료를 믿지 않으면서 항상 그렇게 한다. 나는 우유만 먹는 다이어트를 했는데, 지방을 제거한 탈지우유가 아니라 A등급 우유를 마셨다. 하루에 세 번 나누어 거의 5.64리터를 마셨다. 디저트를 먹지 않았고, 다른 어떤 것도 먹지 않았다. 다이어트를 하면서 줄곧 설교했고, 사경회에 가서도 똑같은 방식으로 우유를 마셨다. 어디를 가든, 심지어 집에 있을 때도 끼니마다 우유를 약 1.88리터씩 마셨다. 내가 다이어트를 끝냈을 때는 체중이 7킬로그램이나 불어 있었고, 몸 상태는 어느 때보다 좋았다. 하지만 다른 이들에게 이 방법을 권하고 싶지는 않다. 왜냐하면 굳이 체중을 늘릴 필요가 없는 사람들이 있기 때문이다. 아무튼 우유(젖)는 좋은 식품이다. 성경은 우리가 말씀의 순전한 젖을 먹어야 한다고 말씀한다. 젖을 먹으면 성장할 것이다. 아기들은 젖을 먹고 성장하는데, 우리가 거듭난 이유는 성장하기 위함이다. 우리가 성장하면 많은 아들들을 영광에 이르게 하시려는 하나님의 계획이 이루어지는 것이다.

형성 과정에 있는 하나님의 아들들

그리스도인들은 완성된 존재가 아니라 '형성 과정에 있는 하나님의 아들들'이다. 아기 아빠는 생후 1년 된 아기를 보며 매우 기뻐한다. 하지만 세 살이 되어도 아기의 생김새에 전혀 변화가 없다면 아빠는 걱정하지 않을 수 없다. 다시 2년이 흘러 다섯 살이 되어도 역시 변화가 없다면, 아빠는 아이에게 큰 문제가 있다고 생각할 것이다.

하나님께서는 새로 태어난 그리스도인을 보시고, 그가 '아바 아버지'라고 부르는 것을 들으실 때 매우 기뻐하신다. 하지만 5년의 세월이 흐른 후에도 그가 '아바 아버지'라는 말밖에 하지 못한다면 걱정하실 것이다. 교회를 10년 넘게 다니고도 여전히 '아바 아버지'라는 말만 한다면 틀림없이 성령께서 슬퍼하시며 근심하실 것이다. 하나님은 우리가 성장하기를 원하신다. 우리가 발전하고 성숙하기를 바라신다. 그런데 중요한 것은 단지 크기가 확장되는 것이 아니라 성숙해지는 것이다. 그렇다! 우리는 완성을 향해 가는 아들들이다. 건축 중인 건물이고, 완성되어가는 그림이고, 성숙을 향해 자라가는 존재이다.

우리와 똑같이 겪으셨다!

우리의 완성을 이루기 위해 하나님은 구원의 창시자를 온전하게 하셨다(히 2:10). 하나님의 아들들은 대장이 이끄는 군대인데, 우리 구원의 대장은 고난을 통해 온전하게 되셨다. 그분이 온전하게 되셨다는 말에 당신은 이렇게 묻고 싶을 것이다.

"주 예수 그리스도께서 온전케 되실 필요가 있었는가? 그분은 본래 온전하신 분으로 태어나지 않으셨는가? 하나님에게서 나오신 하나님, 빛에서 나오신 빛이 아니셨는가? 그분에 대해 천사가 '나실 바 거룩한 이는 하나님의 아들이라 일컬어지리라'(눅 1:35)라고 예언하지 않았는가?"

물론 맞는 말이다. 이 모든 것은 사실이다. 주님은 우리가 말로 다 표현할 수 없는 그런 분이시다. 우리의 생각과 말이 미치지 못할 정도로 크신 분이기 때문에 우리는 "오! 아름답고 경이로운 분, 하나님의 아들 예수님!"이라고 노래했던 젊은 여인처럼 노래할 뿐이다. 예수님은 그런 분이시다! 하지만 인간으로서 그분은 온전하게 되셔야 했다.

그렇다면 예수님이 온전하게 되신다는 말이 무슨 뜻인가? 그분이 도덕적으로 온전하셔야 한다는 뜻이 아니다. 그 말은 우리에게 사용될 때는 맞지만, 그분에게는 틀린 말이다. 그분이 온전하게 되신다는 말은 인간처럼 되신다는 뜻이다. 그분은 온전한 인간이 되셔야 했다. 어떤 물건이든 시판하기 전에 시험을 거쳐야 한다. 시험을 거치기 전에는 좋은 물건이 될 수 없고, 완전해질 수 없다. 만일 어떤 남자아이를 성인이 될 때까지 놀이방에서만 키운다면 그 아이는 온전하지 못할 것이다. 적절한 음식과 의학의 도움을 받아 육체적으로는 건강한 성인이 되겠지만, 진정한 남자가 되려면 아직 갈 길이 멀다. 군대에 가면 그날 바로 쓰러질 것이다. 단순히 몸이 성장하는 것만으로는 부족하다. 온전해지려면 시련을 거쳐야 한다. 산에서 자라는 참나무는 매년 폭풍을 견디며 단단해진다. 바람과 비와 번개와 폭풍우를 견디며 결이 더 깊어지고 단단해진다.

그러므로 우리 주 예수 그리스도께서 거룩하고 흠과 점도 없이 죄인들에게서 떠나 계시고 지극히 높은 하늘보다 순수하신 분이지만, 단지 '온실 속의 완전한 인간'이셨다면 그리스도가 되지는 못하셨을 것이다. 그분은 '온실 속의 완전한 인간'에 머무르면 안 되셨다. 인간에게 일어날 수 있는 모든 일을 겪으셔야 했다. 그분의 제자들에게 몰아쳤던 것과 똑같은 폭풍우가 그분에게도 몰아쳐야 했다. 그분에게도 비바람이 닥쳐야 했다. 예수님도 굶주리셔야 했고, 고난당하셔야 했고,

제자들처럼 욕설을 들으셔야 했고, 쫓겨 다니셔야 했다. 그들처럼 미움을 받으셔야 했고, 피곤할 때까지 걸은 후에 주무셔야 했다. 하룻밤 자고 나서 아침에 일어나 다른 곳으로 이동해야 할 때 느끼는 불쾌감을 느끼셔야 했다. 이 모든 것을 맛보고 겪으셔야 했다. 그렇다! 그분의 형제들에게 닥친 것들은 그분에게도 닥쳤다. 우리 주 예수 그리스도와 우리는 체험을 공유했다.

종종 나는 고생 없이 지금의 자리에 오른 왕이나 대통령이나 고위 공직자가 국민을 얼마나 이해할 수 있을까 하는 의문에 사로잡히곤 한다. 에이브러햄 링컨 같은 사람은 그의 국민을 이해했다. 하지만 명문가 출신인 존 F. 케네디 같은 사람이 그의 국민을 이해했을까? 그가 어떻게 이해할 수 있겠는가? 그는 펜실베이니아주에 사는 농장 소년이 어떻게 행동할지 알 수 없을 것이다.

그러나 예수님은 그분의 사람들이 어떻게 행하는지 아셨다. 왜냐하면 그들 중 한 분이셨기 때문이다. 마구간에서 태어나셨고, 목수의 집에서 자라셨고, 아이들과 함께 뒤뜰에서 뛰어노셨다. 장성한 후에는 아버지를 도우셨고, 세례 요한의 설교를 듣고 세례를 받으셨고, 성령으로 충만해지셨다. 밖으로 나가 사람들을 상대로 일하셨고, 나무 밑에서 잠을 청하셨고, 머리 둘 곳이 없으셨고, 때로는 굶주리셨다. 이 모든 일을 겪으셨다. 그분과 우리는 같은 체험을 했다. 예수님은 "너희들이 겪는 일은 별것 아니야"라고 말씀하시지 않는다.

주님 닮기 원하네

"거룩하게 하시는 이와 거룩하게 함을 입은 자들이 다 한 근원에서 난지라 그러므로 형제라 부르시기를 부끄러워하지 아니하시고"(히 2:11)라는 말씀에 주목하라. 예수님은 그들을 형제라 부르시기를 부끄러워하지 않으신다. 우리는 그분과 하나이다. 그래서 나는 때때로 아주 경건한 마음으로 무릎을 꿇고 나 자신에게 "예수님은 아버지 하나님의 우편에 계신 내 형제이시다"라고 말하곤 한다.

그리스도는 고난을 통해 온전하게 되셨다. 우리가 고난당하기 전에는 절대 알 수 없는 것들이 있다. 나도 달갑지 않은 말이다. 때로는 진실을 그대로 말하지 않아도 된다면 좋겠다는 생각이 든다. 사람들에게 좋은 것만 얘기해주면서 그 아름다움을 함께 나눈다면 얼마나 좋겠는가! 그러면 그들은 내게 악수를 청하며 "참 좋습니다! 당신의 말을 들으니 기분이 좋아졌습니다!"라고 말할 것이다. 그러나 현실은 그렇지 않다. 고난을 통해서만 알 수 있는 것들이 있다는 사실을 우리는 알아야 한다!

내가 단도직입적으로 말하고 싶은 것은 고난을 통하지 않으면 결코 사라지지 않을 '불완전한 것'이 당신에게 남아 있다는 것이다. 마음으로든, 몸으로든 또는 이 두 가지 다 힘들게 겪어보지 않으면 결코 깨달을 수 없는 진리들이 있다. 십자가를 지다가 그 무게에 눌려 주저앉고 말았을 때 비로소 알 수 있는 신비로운 것들이 있다.

어떤 이들은 기독교가 놀이터라고 상상한다. 완전히 잘못된 생각이다! 기독교는 놀이터가 아니라 전쟁터이다. 일해야 하는 들판이고 전쟁을 치러야 하는 전쟁터이다. 차를 타고 편하게 달리는 길이 아니라 두 발로 걸어가야 하는 먼 길이다. 우리는 이 사실을 인정하고 받아들여야 한다. 그런데 감사하게도 이 전쟁터에는 넘치는 은혜가 있다. 충분한 은혜가 모든 이에게 주어진다. 그분은 우리에게 견딜 수 없는 고난이나 시험을 허락하지 않으신다. 시험당할 때마다 피할 길을 내신다. 피할 길이 있다면 다른 건 걱정할 필요가 없지 않은가?

이제 하나님은 아들들을 영광으로 이끄시기 위해 기다리신다. 당신은 성장하는 그리스도인이 되기를 원하는가? 성숙한 그리스도인이 되기를 바라는가? 다음과 같은 노랫말의 의미를 아는가? "오! 바랍니다. 거룩해지기를 바랍니다. 그분의 뜻과 말씀에 따르기를 원합니다. 온화한 사람이 되기를, 그리스도를 닮은 사람이 되기를 원합니다. 내 주님처럼 되기를 갈망합니다." "오, 빛의 아버지시여! 제가 거룩해지도록 도우소서. 죄 짐을 지고 낮아진 제가 아버지 앞에 머리 숙입니다. 얼룩진 양심이 어찌 감히 당신의 얼굴을 볼 수 있겠습니까? 하지만 주님은 제가 있는 곳에서 제게 높은 자리를 주십니다."

진심으로 거룩해지기를 원하는 사람이 교인 중에서 20퍼센트만 되어도 나는 정말 만족하고 행복하겠다. 내가 교인들을 과소평가해서 낮게 잡은 수치라면 차라리 좋겠다. 거룩한 영광 안으로 들어가기를 진심으로 바라는 사람, 아들들을 영광에 이르게 하는 일에 그리스도와 동역하는 사람, 하나님을 알고자 힘쓰는 사람, 그분을 알고 신앙적으로 향상되고 성숙하고 성장하고 강해지기 위해서라면 어떤 대가든 치를 각오가 된 사람, 이런 사람들이 20퍼센트가 넘는다면 얼마나 좋을까! "오, 거룩한 구주여! 당신을 닮기 원하네!" 이것이 교회의 심장을 뛰게 하는 열망이 되어야 하고, 교회의 표어가 되어야 한다.

왜냐하면 아들들을 영광에 이르게 하시려고 하나님이 애쓰시기 때문이다. 하나님은 어떻게든 그 일을 이루실 것이다.

그분과 함께 일하자! 그러면 시간 낭비와 고난과 어려움이 줄어들 것이다. 하나님과 함께 일할수록 우리의 고난은 줄어든다. 하지만 우리 모두 어느 정도는 고난당해야 한다. 그것이 그분의 뜻에 합당하기 때문이다. 그러므로 그분을 탓하지 말자. 불평하지도 말자. 누군가 "거룩한 하나님께서 정의를 행하실 것이 아니니이까?"라고 묻는다면 나는 분명히 답한다. 그분은 정의를 행하신다! 우리의 상황이 어떠하든, 지옥이 어떤 곳이든, 어디에 있든, 우리가 어떤 존재이든, 천국이 어떤 곳이든, 그분이 우리의 온전한 지도자 예수 그리스도를 통해 많은 아들들을 영광으로 이끄시고 고난을 통해 우리를 영광에 이르게 하시는 것은 정의를 행하시는 것과 같다.

하나님의 얼굴을 보려면 우리의 현재 상태를 바라보지 말고, 그분의 신실하심을 의지해야 하고, 우리에게 닥친 모든 일이 합력하여 결국 선을 이루리라고 믿어야 한다. 그러면 이런저런 것에 얽매이지 않고, 그분의 얼굴을 온전히 바라보게 된다. 이것이 하나님이 본래 의도하신 그분과 우리가 교제의 자리로 나아가는 방법이다. 참된 신앙은 우리의 영혼이 그분을 바라볼 때 온전히 안식한다.

하나님을 찾는 신앙이 이성과 모순되는 것은 아니지만, 이성을 초월하는 것도 사실이다. 하나님을 알게 되면 온전히 신뢰하게 된다. 그분을 찾기 위해서는 눈앞의 상황만 보지 말아야 하고, 우리를 사랑하시는 그분을 흠모하며 깊이 응시해야한다. 우리 영혼의 시선이 늘 하나님께 머물러 있어야 한다.

오, 거룩한 구주여! 당신을 닮기 원하네!

내 간절한 소망이자 기도제목

예수님, 당신을 온전히 닮을 수 있다면

세상 모든 보화를 기꺼이 포기하겠네

당신을 닮기 원하네!

연민과 사랑과 용서와 다정함과 동정으로 충만하신 분!

힘없는 이를 돕고 낙심한 자에게 새 힘을 주시는 분!

방황하는 죄인을 찾으려 애쓰시는 분!

당신을 닮기 원하네!

겸손하고 거룩하고 악의 없고, 오래 참고 담대하신 주님을!

가혹한 비난을 묵묵히 참아내시고

우리의 구원을 위해 기꺼이 고난당하셨네

당신을 닮기 원하네!

거룩한 기름부음을 받기 위해 주께 나아가네

내 존재와 소유를 다 가져가오니

주여, 이제 모두 당신의 것이네

당신을 닮기 원하네!

이렇게 간구할 때 주님의 영을 부으시고 사랑으로 채우소서

나를 당신이 거할 성전으로 만드시고

하나님나라에 합당한 자로 만드소서

당신을 닮기 원하네! 주님을 닮기 원하네!

거룩한 구주여, 당신이 거룩하기에

이곳에 임해 사랑을 부으시고 충만히 채우소서

내 마음 깊이 주님의 형상을 새기소서

_토머스 오바디아 치솜(Thomas Obediah Chisholm, 1866~1960)

〈당신을 닮기 원하네!〉

그리스도인은
오직 주님의 공로로 안식한다

그런즉 안식할 때가 하나님의 백성에게 남아 있도다 이미 그의 안식에
들어간 자는 하나님이 자기의 일을 쉬심과 같이 그도 자기의 일을 쉬느
니라 그러므로 우리가 저 안식에 들어가기를 힘쓸지니 이는 누구든지
저 순종하지 아니하는 본에 빠지지 않게 하려 함이라 _히 4:9-11

그리스도인의 믿음의 질은 하나님 안에서의 안식에 정비례
하고, 그 안식은 그분의 완성된 일을 전적으로 받아들일 때
주어진다. 히브리서가 제시하는 안식은 네 가지 유형으로 구
분된다. 도덕적 안식, 영적 안식, 내적 안식, 만족을 주는 안식

이다. 히브리서가 말하는 안식은 '완성된 수고'에서 나온다. 정확히 말하면, 그리스도의 완성된 수고에서 나온다. 그리스도인은 대부분 하나님이 원하시는 존재가 되려고 애쓰지만, 사실 안식을 얻어야 비로소 그런 존재가 될 수 있다. 안식을 얻는다는 것은 자기의 수고를 중단하고, 그분의 완성된 수고를 받아들이는 것이다.

도덕적 안식

성경은 자기의 일을 끝낼 때까지는 누구도 안식할 권리가 없다고 분명히 가르친다. 주님은 그분의 자녀들이 불필요한 휴식을 취하지 말고 그들의 일을 끝내기 원하신다. 성경에는 "다윗은 당시에 하나님의 뜻을 따라 섬기다가 잠들어"(행 13:36)라는 말씀이 나온다. 우리 주님은 "아버지께서 내게 하라고 주신 일을 내가 이루어"(요 17:4)라고 말씀하실 수 있을 때까지 수고하셨다. 수고 다음에 안식이 오는 것이 하나님의 뜻이다.

그런데 요즘 사람들은 일하는 건지, 쉬는 건지 구분할 수 없을 정도로 수고와 안식이 뒤섞여 있다(그러니 피곤할 새가 없다). 이것은 성경적 안식의 개념과 맞지 않는다. 수고한 뒤에

손을 씻고 "하나님, 일을 마쳐서 감사합니다"라고 말한 다음에 앉아서 쉬는 것이 마땅하다.

성경적 안식은 우리가 일을 끝내고 그다음에 안식하는 것이고, 그것이 하나님의 뜻이라고 말한다. 이런 개념은 창세기에 나온다. 하나님은 하실 일을 마치신 후에 안식에 들어가셨다. 다시 말해, 수고를 멈추셨다. 안식은 무언가 적극적으로 하는 것이 아니라 무언가 하지 않는 것이다. 언젠가 어떤 사람이 나에게 "토저 목사님, 목사님께 필요한 것은 고강도 휴식입니다"라고 조언했다. 그 말을 듣고 나는 소리 없이 웃었다. 종종 사람들은 고강도 휴식을 취하기 위해 손에 잔뜩 힘을 쥐고 긴장하는데, 그런 것은 진정한 휴식이 아니다.

하나님은 그분의 안식에 들어가셨다. 즉, 그분의 일을 끝내셨다. 안식은 수고를 끝내는 것이다. 수고를 끝내면 안식은 자동으로 따라온다. 해야 할 일이 남은 사람은 그것을 끝낼 때까지 휴식할 권리가 없다. 해야 할 일이 남아 있다면, 그가 하든지 누군가 해야 한다. 하나님께서는 가나안 땅을 히브리인들에게 주겠다고 하시면서 이렇게 말씀하셨다.

"이것은 모두 너희의 것이다. 너희는 포도원을 만들 필요가 없다. 이미 다 만들었기 때문이다. 들판을 깨끗이 치울 필요도 없다. 이미 다 치워져 있고 울타리도 쳐져 있기 때문이다. 짐승을 키울 필요도 없다. 이미 도처에 짐승이 있기 때문이다. 그곳에는 젖과 꿀이 흐르고 있다. 거기에 벌이 있고 포도나무는 열매를 맺고 있다. 너희를 위해 모든 것이 준비되어 있다. 나는 그곳에 살 자격이 없는 자들을 그곳에서 쫓아낼 것이다. 그곳의 모든 것을 너희에게 거저 주겠다. 내가 모든 일을 이미 끝냈다."

그러나 이스라엘은 가나안 땅으로 가기를 거부하고 계속 하나님을 실망시켰다. 불신앙이 낳은 거부로 인하여 그들은 안식을 빼앗겼고, 그로부터 오랜 세월이 흐른 후에 히브리서는 그들의 역사에서 교훈을 배우라고 가르친다. 이스라엘은 안식을 얻을 수도 있었다. 어떤 의미에서 안식은 그들의 것이었다. 하나님께서 그들에게 가나안 땅을 주겠다고 말씀하신 것은 그분이 이미 일을 끝내셨기 때문이다. 그들을 위한 모든 것이 준비되어 있었으므로 그들은 그 땅에 들어가서 짐을 풀고 정착하면 그만이었다. 다른 자들이 수고했기 때문에 안식은 그들의 것이었다. 하지만 그들이 보인 반응은 불신앙이었다(그다음 세대가 훗날 그 땅에 들어갔지만, 그곳 전부를 차지하지는 못했다. 그 땅에서 살다가 쫓겨나기도 했고, 때로는 그 땅 주민들에게 속박당했다). 그 땅에 들어가 그곳을 차지하고 하나님의 안식으로 들어갈 믿음과 순종이 그들에게 없었다.

영적 안식

히브리서는 우리에게 복음을 통해 얻을 수 있는 또 다른 안식이 있다는 것을 말해준다. 이 안식은 소 떼나 이미 지어진 집이나 흐르는 샘물이나 열매 맺는 과수원을 소유함으로써 얻을 수 있는 안식이 아니다. 이것은 '영적 안식'이다(다른 것들은 이 안식을 가리키는 상징에 불과하다). 곧 마음의 안식이다. "내 죄를 어찌해야 하는가?"라는 문제와 관련한 안식이다. 거룩함과 관련된 이 안식은 다음과 같은 고민을 해결한 사람에게 주어지는 안식이다.

"장차 도래할 날에 전능하신 하나님과 어떻게 마주하겠는가? 무서운 심판 날에 내 마음에 죄가 있는 채로 저 빛나는 보좌 앞에 어떻게 서겠는가? 내가 죄 때문에 죽어야 한다고 말하는 공의를 어떻게 충족할 수 있는가? 내 도덕적 빚을 어떻게 갚을 수 있는가? 나는 큰 빚에 눌려 있지 않은가?"

만일 당신이 소득세를 내지 않아서 정부에 빚이 있다면 걱정하는 것이 당연하다. 그런데 어떤 사람이 와서 "이봐요! 내가 보니 당신의 체납 세금이 만 달러나 되더군요. 정부로부터 꽤 시달리고 계시죠. 하지만 제가 처리하겠습니다. 당신 대신 세금을 내겠습니다. 여기 영수증이 있습니다"라고 말한다면 당신은 안식을 얻게 된다. 오랜만에 느긋한 마음으로 밤에 두 다리 뻗고 잘 수 있을 것이며, 이렇게 말할 수 있을 것이다. "이제 경찰을 봐도 걱정이 안 된다. 그가 나를 따라다닌다고 생각하지도 않는다. 경찰을 두려워하지 않아도 된다. 그는 지금 범죄자를 찾는 것이지, 나와는 상관이 없다. 내 마음에 안식이 생겼다. 나는 안식에 들어와 있다. 그런데 이것은 내가 얻은 것이 아니라 다른 사람이 준 것이다." 바로 이런 안식이 히브리서가 가르치는 안식이다!

그리스도인의 안식은 다른 이의 수고로 얻게 되는 안식이다. 그것은 그리스도인이 수고한 결과가 아니다. 왜냐하면 수고를 끝내고 안식을 얻는 것은 그가 이룰 수 없는 일이기 때문이다. 그 일은 그 일을 이루실 능력 있는 분이 하셨다. 그리스도인은 이룰 수 없는 일이다. 아니, 세상 그 누구도 이룰 수 없다. 나는 이미 훼손된 거룩함을 원상태로 복구할 수 없고, 무너진 정의를 다시 세울 수 없고, 이미 일어난 범죄 문제를 해결할 수 없고, 도덕적 빚을 갚을 수 없다. 나는 할 수 없다. 나에게 그렇게 하라고 요구하는 것 자체가 성립되지 않는다.

왜냐하면 내가 지금부터 기껏 할 수 있는 일이라곤 죄를 그만 짓고 죄의 목록을 더 늘리지 않는 것뿐이기 때문이다. 나는 내가 진 빚 중에서 단돈 1원도 갚을 능력이 없다. 그런데 내가 진 빚은 나를 지옥에 보낼 수 있을 만큼 많다. 그러므로 내가 안식하려면 먼저 내 빚을 다 갚아야 한다. 물론 나는 정부에 빚진 것이 아니라 전능하신 하나님께 빚진 것이고, 이 빚은 내가 갚을 수 없다. 이 빚이 나를 무겁게 짓누르고 있다. 이 빚의 무게를 뼛속 깊이 느낄 때 우리는 그것을 '죄를 자각한다'고 표현한다.

하나님께 진 빚의 무게를 느끼지 않고 죄의 자각에 이른 사람은 없다. 무거운 채무 의식에서 벗어나려면 그 빚을 갚든지 아니면 다른 이가 우리를 위해 갚아주어야 한다. 그런데 성경은 우리가 빚을 갚을 수 없다고 분명히 밝힌다. 모든 채무를 변제할 때까지 이제부터라도 빚을 갚는 것이 최선이지만, 그것은 사실상 불가능하다. 우리는 과거의 모든 도덕적 빚을 여전히 걸머지고 있다.

그렇다면 어떻게 해야 하는가? 감사하게도 의로운 한 분이 오셔서 불의한 자들을 위해 그분의 목숨을 내놓으셨다! 그분의 빚이 아니지만 대신 갚아주셨다. 그분의 채무변제에는 우리의 모든 빚이 포함된다. 그분은 짓밟힌 거룩함에 대한 하나님의 진노를 풀어드렸고, 깨어진 공의를 위해 속죄하셨다. 이 모든 것을 이루셨다. 그분은 그렇게 하실 능력이 있는 분이시다. 히브리서는 그분이 바로 예수님이라고 주장한다. 일반적으로 약속하는 것과 그 약속을 실행할 능력이 있는지는 다른 문제이다. 하지만 예수님은 약속을 지킬 능력이 있으시다.

우리 주 예수님이 오셔서 "하나님이여 보시옵소서 두루마리 책에 나를 가리켜 기록된 것과 같이 하나님의 뜻을 행하러 왔나이다"(히 10:7)라고 말씀하셨다. 예수님은 하나님의 뜻을 행할 능력이 있으셨는가? 히브리서는 그분에게 그런 능력이 있으셨음을 아주 확실히, 논리적으로 선언한다. "죄를 정결하게 하는 일을 하시고 높은 곳에 계신 지극히 크신 이의 우편에 앉으셨느니라"(히 1:3).

생사를 가르는 중요한 질문은 "우리가 하나님의 음성을 따를 것인가?"라는 질문이다. 이스라엘 민족은 나무를 베어내고 그루터기를 제거하고 들판을 갈아엎는 수고를 할 필요가 없는 땅이 그들을 기다린다는 복된 소식(복음)을 들었을 때 그들 나름대로 반응을 보였다. 그렇다면 우리도 그들과 같은 반응을 보일 것인가? 유감스럽게도 그들은 그 땅의 모든 것을 누릴 수 있었지만, 믿음이 없어서 누리지 못했다(나중에 이스라엘 민족이 그 땅에 들어가기는 했지만, 늘 어두운 그림자가 뒤따랐다. 그 땅을 전부 정복하지는 못했기 때문이다).

우리는 그들처럼 되어 완전히 실패할 것인가? 우리가 안식하기 위해 우리의 방법대로 수고하며 발버둥 칠 것인가? 자기 마음을 아는 사람은 감히 일어나 "스스로 안식을 얻을 수 있는 도덕적 능력이 내게 있습니다"라고 말하지 못할 것이다. 그렇게 말하는 사람은 사람들에게 '도덕적 바보'라고 무시당하게 될 것이다. 자신의 마음을 아는 사람은 그렇게 말할 정도로 어리석지 않다. 우리가 하나님의 거룩의 조건을 충족해드리고 무너진 공의를 다시 세우고 의의 문제를 해결하고 도덕적 빚을 갚든지, 아니면 다른 누군가 우리를 위해 그렇게 해주어야 한다. 그런데 히브리서는 어떤 분이 우리를 위해 그렇게 하셨다고 선언한다. 영원한 아들께서 그렇게 하셨다!

우리는 무엇에서 해방되어 안식을 누리는가?

우리의 안식은 이중적이다. 우리는 애굽의 수고에서 해방되어 안식한다. 그리고 가나안에서는 우리 자신을 선하게 만들려는 수고, 즉 우리 자신을 고치려는 수고에서 해방되어 안식한다.

그러나 사람들은 '무엇으로부터 해방되는 안식'보다 다른 차원의 안식을 원한다. 도덕적 안식을 원하는 사람들은 마음의 안식이 뜻하는 바를 알고 싶어 한다. 그것은 무엇인가? 나는 무엇에서 해방되어 안식하는가? 우리는 좀 더 나은 사람이 되고자 하는 갈망에서 해방될 때 안식한다.

어릴 적부터 '인격 형성'(building character)이라는 말을 들어 왔지만, 나는 이 말을 좋아하지 않는다. 자유주의 신학자들과 교육자들이 자주 사용하는 말이다. 그들은 인격 형성을 돕는 일을 한다. 물론 인격 형성이 절실하게 필요한 상황이라면 그 나름대로 의미가 있을 것이다. 내가 그런 입장이면 그 필요성을 충분히 인정해야 할 것이다. 그러나 어떤 표현을 좋아하는지 아닌지는 그 말을 어떤 상황에서 듣는지에 따라 달라진다. 나는 자기들이 무슨 말을 하는지도 모르면서 인격 형성을 거론하는 것을 많이 들어서인지 그 말이 좋게 들리지 않는다.

인격 형성이란 무의미한 것이다. 암에 걸려 죽어가는 사람에게 여러 언어를 가르치고 음악과 미술을 감상하게 하더라도 그는 죽어가는 사람일 뿐이다. 우리가 그 사람 안에 형성해줄 수 있는 것은 아무것도 없다. 그는 그저 죽어가는 사람일 뿐이다.

죄인을 데려다가 가르쳐서 정직한 사람으로 만들고, 선한 시민이 되도록 하는 것은 가능하다. 그런 식으로 도울 수는 있다. 이 점에 대해서는 이론의 여지가 없다. 학교는 아이들의 인격 형성에 도움을 줄 수 있다. 사람들을 비판하려고 할 때 우리는 잠시 그 비판을 멈추고 먼저 학교 선생님들에게 경의를 표해야 할 것이다. 왜냐하면 그들은 "나쁜 길을 택하지 말고 선한 길을 따르라"라고 가르치면서 우리의 자녀들을 훈련했기 때문이다. 속이는 것보다 정직한 것이 더 좋다. 거짓보다 진실을 말하는 것이 더 좋다. 물론 선생님들의 문제점을 찾으라면 찾을 수 있겠지만, 그래도 그들은 아주 좋은 일을 하는 것이다.

내가 학교에 다닐 때 선생님들의 가르침만큼 선하게 살았다면 훨씬 더 좋은 사람이 되어 있을 것이다. 우리는 그들에 대해 하나님께 감사해야 한다. 그러나 인격 형성을 아무리 가르친다 한들 그것은 죽어가는 사람에게 영어를 잘하도록 가르치는 것과 같다. 그런 것은 죽어가는 사람을 교양인으로 만드는 일에 불과하다. 그도 죽을 것이고, 그의 교양도 죽을 것이다. 인격 형성이라는 것이 그런 것이다! 거기까지이다! 물론 없는 것보다 낫겠지만, 그걸로는 문제가 해결되지 않는다.

많은 이들이 업적을 쌓으려고 애쓰는데, 물론 좋은 일이다. 10대 시절에 나는 전쟁에 나가 공을 세우고 영웅이 되어 돌아오기를 꿈꿨다. 울려 퍼지는 국가를 들으면 소름이 돋았다. 나는 "아! 나가서 무언가를 위해 죽은 다음에 다시 돌아올 수 있으면 좋겠다!"라고 말하곤 했다. 나는 조국을 위해 죽은 다음에 돌아와 그 공로의 열매를 즐기기를 바랐다. 하지만 그것은 불가능하다! 나는 군에 입대하고 신병일 때 총도 못 만져보고 흐지부지 군대 생활을 끝냈다. 그런데 우리는 모두 업적을 쌓기 원한다. 나가서 큰일을 이루기를 원한다. 세상일과 하나님을 생각할 때 우리는 덕스럽게 행동하기를 원한다. 덕스러운 사람이라고 인정받고 싶어 한다.

벤저민 프랭클린(Benjamin Franklin, '프랭클린 다이어리'로 유명한 미국의 정치인)은 선한 사람이 되기를 너무나 갈망한 나머지 종이에다 바둑판 모양으로 줄을 촘촘히 긋고, 일주일의 요일을 모두 적은 다음 맨 왼쪽에는 정직, 절제, 겸손, 진실 같은 미덕을 생각나는 대로 적어넣었다. 그리고 날마다 이 목록을 보면서 자기가 어떤 부분에서 실패했는지 확인했다. 어떤 칸이 빈칸으로 있으면 그가 문제를 일으키지 않은 거였고, 실패한 칸에는 표시가 되어 있었다. 그는 선하게 되기를 원했다.

나는 진흙탕에 빠지는 것을 거부하고 선을 추구하는 모든 이들에 대해 하나님께 감사한다. 그러나 선하게 되는 것만으로는 부족하다. 벤저민 프랭클린은 안식을 얻지 못했다.

인격 형성은 어떤 종류의 안식도 온전케 할 수 없다. 왜냐하면 인격 형성이란 끝이 없기 때문이다. 덕스러운 행동을 추구하는 것만으로는 결코 안식에 이를 수 없다. 영과 육신의 싸움에서 건짐받고 승리하는 유일한 길은 안식을 받아들임으로써 해방되는 것이다.

온전한 안식을 소망하라

성령께서는 "우리는 두려워할지니 그의 안식에 들어갈 약속이 남아 있을지라도 너희 중에는 혹 이르지 못할 자가 있을까 함이라"(히 4:1)라고 말씀하신다. 안식에 들어갈 약속은 아직 유효하다. 어쩌면 누군가 "여호수아가 이스라엘 민족을 이끌어 가나안으로 들어가지 않았습니까?"라고 물을지도 모르겠다.

이 질문에는 다음과 같은 의문이 깔려 있다. "이스라엘 민족이 여호수아를 따라 가나안에 들어가 안식을 얻었는데, 어찌하여 수 세기 후에 하나님이 다시 이 문제를 거론하시면서 '너희가 그의 음성을 듣거든 너희 마음을 완고하게 하지 말라'(히

4:7)라고 말씀하셨는가?" 그러나 이스라엘의 불신앙 때문에 여호수아는 그들에게 참된 안식을 줄 수 없었다. 그런데 세월이 한참 흐른 후에 다윗은 다른 안식에 대해 언급했다. 이것은 이스라엘 민족이 가나안에서 얻은 안식과는 다른 안식이었다. 히브리서 기자는 다윗이 언급한 안식이 '내적 안식'이라고 말한다. 이 안식은 영혼의 안식이다. 우리의 수고에서 해방되는 안식이다. 안식의 약속은 아직도 유효하다. 그렇다! 우리는 하나님의 안식에 들어가야 한다.

내가 볼 때 안식의 기회를 놓쳐버린 사람들이 있다. 많은 이들이 종교를 가지고 놀고, 기독교에 대해 이러쿵저러쿵하고, 교회에 갔다 안 갔다 하고, 이 강사 저 강사의 설교를 듣고, 이 책 저 책을 읽지만 다 믿음 없이 그렇게 한다. 불신앙은 우리를 안식으로 이끄시려는 성령의 노력을 방해한다. 우리가 정신력을 기르면 그것들이 마음 깊이 박혀서 어떤 자극에도 반응하지 않는다. 그러므로 우리는 마음 밭을 쟁기로 갈아엎고 하나님의 부르심에 즉각적으로 반응하게 해야 한다. "너희 수고를 중단하고 예수 그리스도를 온전히, 전적으로 신뢰하면 너희의 고생스러운 분투에서 해방되어 안식을 얻을 것이다"라고 말씀하시는 하나님의 음성에 예민하게 반응해야 한다.

그러나 이런 안식을 많은 그리스도인이 얻지 못하고 있다.

언젠가 나는 어떤 감리교 감독이 "목회자로서 제가 알게 된 것은 제 담당 지역의 교인 중 70퍼센트가 천국에 갈 준비가 되어 있지 않다는 것입니다"라고 말하는 것을 들었다. 비유적으로 그 70퍼센트는 천국에 들어가기 위해 마지막 순간에 벼락치기를 해서 시험에 합격해야 하는 사람들이었다. 그들은 그리스도께서 이루신 일에 의지하여 안식하는 것을 알지 못했다. 다만 자기들이 이미 행한 것이나 미래에 행할지도 모르는 것에 막연히 희망을 걸고 있었다. 그 감리교 감독의 말을 들은 어떤 사람이 "감독님, 70퍼센트라는 것은 대략적으로 한 말씀이죠? 정말 70퍼센트나 됩니까?"라고 물었다. 그러자 감독은 "정말 70퍼센트였습니다. 제가 세어보았습니다. 담당 지역의 교인 중 30퍼센트만이 천국에 갈 준비가 되어 있었습니다"라고 말했다.

평생 교회에 출석하고, 찬송가를 부르고, 성경을 읽고, 기도하고, 설교를 듣던 사람 중 3분의 2 이상이 죽음을 맞았을 때 안식에 들어가지 못한 것이다. 그들은 두려움 가운데 세상을 떠났다.

하나님 안에서, 예수 그리스도의 공로 안에서 안식하면서 두려움 없이 세상을 떠나도록 주님이 이끌어주시기를 나는 바란다. 하나님은 그분의 일을 하시고 안식에 들어가셨다. 그분의 아들 예수 그리스도는 다른 일을 이루셨고, 그래서 우리는 안식에 들어간다. 안식에 들어가도록 힘쓰자. 하나님 앞에서 우리를 살피자.

내가 예수 그리스도와 그분의 완성된 일 안에서 온전히 안식할 때 믿음이 약동하며, 그 믿음은 내 힘으로 안식에 도달하겠다는 필사적 노력을 무마시킨다. 그렇다! 나는 예수 그리스도의 공로에 의지하여 온전히, 평안히 안식한다.

내 죄 짐이 사라지기 원하네
마침내 내가 굴복하여
그 짐을 주님 발아래 내려놓고
내 영혼도 그 발아래 내려놓기 원하네

내 영혼이 안식을 갈망하네
모든 이의 구주시여, 당신이 내 구주시라면
당신의 온유와 겸손이 내 것이 되게 하시고
당신의 형상을 내 마음에 새기소서

내 본성에 박힌 죄의 멍에를 깨뜨리시고

내 영혼을 온전히 자유케 하소서

내 속이 깨끗하고, 당신께 온전히 파묻힐 때

비로소 내가 안식하나이다

당신을 더 알고자 갈망하오니,

내 하나님이시여, 내가 증언하고 싶은 것은

당신의 빛과 가벼운 짐, 거룩한 피로 물든 십자가,

죽음을 불사한 당신의 사랑의 수고라네

내가 간절히 원하나 힘 주시는 분은 당신이오니

내 마음이 온갖 죄에서 벗어나게 하시고

그 기쁨의 시간이 더 빨리 오게 하시고

당신의 완전한 평안으로 나를 채우소서

_찰스 웨슬리(Charles Wesley, 1707~1788)

〈내 죄 짐이 사라지기 원하네〉

믿음은
영적 완전함을 향해 나아간다

그러므로 우리가 그리스도의 도의 초보를 버리고 … 완전한 데로 나아

갈지니라 _히 6:1,2

하나님께서 그분의 사람들에게 완전한 데로 나아가도록 강권하신다는 사실은 누구나 알 수 있다. 당신의 영적 수준이 어떠하든지 당신 안에 계신 성령은 "앞으로 나아가자!"라고 재촉하신다. 우리의 믿음이 그리스도의 완성된 일에서 나오는 것은 맞지만, 그렇다고 해서 완전함을 향해 나아가지 않고 그저 안식해서는 안 된다. 현대 그리스도인들의 큰 문제는 '성장

의 정체'에 빠진 이들이 많다는 것이다. 그들은 어느 정도 영적으로 성장한 뒤, 왜인지 그다음부터는 성장하지 못한다. 영적으로 위축되는 이유는 다양하지만, 이 문제를 잘 풀어가는 그리스도인은 복이 있다!

먼저 '영적 완전함'(spiritual perfection)이 무엇을 의미하는지 질문해보자. 우리가 완전함까지 나아가야 한다면, 그 완전함이란 무엇인가? 또 그것에 이르렀다는 것을 어떻게 알 수 있는가? 이런 질문들에 답할 수 있다면 그리스도인들이 날마다 삶에서 겪는 수많은 문제를 해결하는 데 큰 도움이 된다. "완전한 데로 나아갈지니라"라는 말씀에 대한 오해 때문에 혹은 제대로 가르침을 받지 못해서 많은 그리스도인이 고통당했다.

갓 태어난 아기가 세상에서 살아갈 준비가 되어 있지 않듯이, 새로 태어난 그리스도인도 성장을 통해 온전한 성숙에 이르러야 한다. 온전한 성숙이 완전함이다. 완전함은 '죄 없는 완전함'을 의미하지 않는다. 이 부분을 오해하는 사람들이 있다. 여기서 온전한 성숙이란 하나님께서 의도하신 성숙함이다. 아기가 태어나는 것은 언제까지나 아기에 머무르기 위해서가 아니라 성장하여 성숙한 성인이 되기 위해서다.

영적 완전함이 무엇인지 밝히기 위해 우선 나는 '영적 완전함이 아닌 것들'이 무엇인지 밝히겠다. 좀 전에 말한 것처럼 '죄 없는 완전함'까지 이르는 것이 영적 완전함은 아니다. 또 다른 관점에서 "영적 완전함, 즉 영적 성숙은 인간이 생각하는 완전함의 개념과는 관계가 없다"라고 요약할 수 있다. 그런데 불행하게도, 오늘날 기독교에는 완전함을 인간의 관점에서 바라보는 개념이 퍼져 있다.

인간이 최선의 상태를 최고 절정까지 끌어올린 것이 영적 완전함은 아니다. 사람이 자신을 아무리 다듬고 윤낸다 해도 하나님의 완전함에는 미치지 못한다.

인간이 생각하는 완전함

인간이 생각하는 완전함에 대해 다음과 같이 세 가지로 나누어 생각해보자.

1. 자연인 (The Natural Man)

먼저 '자연인'에 대해 생각해볼 수 있다. 이 경우는 우리 주변에 널려 있으므로 굳이 언급할 필요가 있을까 싶다. 자연인을 최고로 완전케 하려는 노력들이 사회 각계각층에서 발견된다. 하지만 아무리 가다듬고 가꾸려고 노력해도 인간성의 부패는 사라지지 않는다.

　자연인을 완전케 하려고 애쓴다 해도 영적 완전함에 이를 수 없다. 자연인은 그리스도 없는 인간일 뿐이다. 자연인은 에덴동산에서 타락의 결과로 나온 인간으로, 결코 영적 완전함에 이를 수 없는 존재이다. 아담과 하와는 '선악을 알게 하는 나무의 열매를 먹으면 죽을 것'이라는 하나님의 명령을 듣고도 그 열매를 먹었고, 영적으로 죽었다(창 2:17 참조). 즉, 영적 생명을 빼앗긴 자연인으로 전락했다.

　자연인은 자기 자신을 내세우며 자랑한다. 오늘날 잡지를 볼 때마다 이런 현상을 보게 되며, 심지어 기독교 잡지에서도 볼 수 있다. 자연인을 완전케 하려는 노력은 인간의 최선을 다하겠다는 것인데, 이것은 언제나 하나님의 기준에 미달한다. 모든 사람의 마음 깊은 곳에는 자기 자신을 초월하고 싶어 하는 갈망이 숨어 있다. 그러나 자신을 초월한다는 것을 확실히 정의할 방법이 자연 세계에 존재하지 않는다(그러므로 공연히 애쓰지 말라). 인류 역사에서 그나마 발견되는 모든 진보는 인간의 창조 목적에 부합하는 존재가 되려고 발버둥 치는 과정에서 나온 것이지만, 결국 각 시대는 완전함에 이르지 못했다. 우리가 될 수 있는 어떤 존재가 되거나 우리 힘으로 이루는 최대치가 완전함이 아니라 하나님의 최초 창조 목적에 부합하는 존재가 되는 것이 완전함이다.

자연인이 완전한 수준에 이른다고 가정할지라도 그것은 성경이 말하는 '하나님의 영광'에 이르는 것이 아니다. 아무리 최선의 상태에 도달하더라도 자연인은 "깊은 바다가 서로 부르며"(시 42:7)라는 말씀에 암시된 '내면의 숨겨진 갈망'이 무엇인지 이해하지 못한다. 자연인은 자기 자신, 소원과 관심, 자신을 기쁘게 하는 것들에 모든 초점이 맞추어져 있지만, 이 모든 것은 본래 인간이 누렸어야 할 깊은 만족을 주지는 못한다.

태곳적부터 인간이 발명한 것에서 나타나는 천재성은 인간의 마음 깊은 곳에 자리한 불만족을 드러낼 뿐이다. 인간은 언제나 자신을 개선하려고 발버둥 치지만 원대한 목표에 이르지는 못한다. 이전 세대가 만들어놓은 것을 그다음 세대가 용납하지 못하고, 각각의 세대는 변신을 꾀한다. 왜냐하면 외적인 것들로는 만족하지 못하는 내면의 깊은 갈망 때문이다.

자연인은 즐거움을 누리도록 창조되었지만, 그 즐거움을 충분히 맛보지 못한다. 그는 즐거움을 얻기 위해 온갖 노력을 쏟아붓지만, 자기가 얻은 것에 만족하지 못한다. 그러다 보니 자기 삶을 세 가지로 채우는데, 성경은 그것을 '세상과 육신과 마귀'라고 부른다. 결국 그의 삶은 '기대했으나 실패로 끝난 것들'로 가득 찬 가짜 인생이 되고 만다.

자연인의 완전함은 영적 완전함과 비슷한 수준에도 미치지 못한다.

2. 도덕적 인간(The Moral Man)

혹시 누군가 "그렇다면 도덕적 인간은 어떻습니까?"라고 물을지 모르겠다. 도덕적 존재가 되려고 노력하는 것에 대해 일단 좋게 말해야 하는 것은 당연하다. 개인적으로 도덕적이지 못한 사람보다는 도덕적인 사람이 내 이웃집에 살면 좋겠다. 그러나 도덕적 선을 추구하는 것으로는 부족하다. 예를 들어, 사람들이 각자 자기 나름대로 도덕의 기준을 정한다면 사회 전체에 무슨 유익에 되겠는가? 이 시대와 정확히 닮은 모습이 구약의 사사기에도 나온다. "그때에 이스라엘에 왕이 없으므로 사람이 각기 자기의 소견에 옳은 대로 행하였더라"(삿 21:25). 이것을 다른 말로 하면, 사람들마다 '옳은 것'의 기준이 달랐다는 말이다. 십계명은 도덕적 완전함의 본보기였지만, 하나님이 바라시는 완전함의 이상에는 미치지 못했다.

이 사실은 예수님께서 그 시대 바리새인들에게 하신 말씀에서도 잘 드러난다. 마태복음 5장에서 예수님은 도덕적 완전함에 대한 그들의 개념을 여지없이 깨뜨리셨다. "간음하지 말라 하였다는 것을 너희가 들었으나 나는 너희에게 이르노니 음욕을 품고 여자를 보는 자마다 마음에 이미 간음하였느니라"(마 5:27, 28).

바리새인은 겉을 깨끗하게 하는 것을 대단히 자랑하면서도 속마음은 전혀 신경 쓰지 않았다. 사람의 속마음은 단지 율법이나 계명으로 닿을 수 없고, 통제할 수도 없는 것이다.

예수님은 바리새인들의 위선 때문에 그들을 가리켜 '회칠한 무덤'이라고 말씀하셨다. "화 있을진저 외식하는 서기관들과 바리새인들이여 회칠한 무덤 같으니 겉으로는 아름답게 보이나 그 안에는 죽은 사람의 뼈와 모든 더러운 것이 가득하도다"(마 23:27). 겉모습은 도덕적 완전함에 이르렀어도 속은 다 썩어 있을 수 있다. 바로 이 부분을 예수님이 바리새인들에게 지적하신 것이다.

3. 종교적 인간(The Religious Man)

우리가 세 번째로 생각해볼 것은 '종교적 인간'이다. 히브리서에 언급된 완전함에 이를 가능성을 종교에서 조금이라도 발견딜 수 있지 않을까 싶은 생각이 드는 것은 사실이다. 우리가 잘 알듯이 종교란 무언가를 얻기 위해 선을 행하는 것이다. 어떤 이들은 선행을 온전히 이루면 만족하는 삶을 살리라고 생각한다. 올바른 동기에서 옳은 일을 행하면 만족하며 살 수 있다는 것이다. 세상의 모든 종교는 대개 이런 사상에 기초하고 있다.

그러나 종교에는 완전함이 없다. 예수님을 찾아왔던 젊은 부자 관원은 평생 철저히 선행을 실천한 사람이었다. 그가 예수님께 던진 질문은 우리에게 큰 충격으로 다가온다. "이 모든 것을 내가 지키었사온대 아직도 무엇이 부족하니이까"(마 19:20).

생각해보라! 선한 삶을 살기 위해 최선을 다해 모든 것을 행한 이 젊은이 같은 사람이 어느 순간 "아직도 무엇이 부족하니이까?"라고 물었다는 것을! 이처럼 맥 빠지는 일이 또 있을까? 올바른 동기에서 옳은 일을 철저히 실천한 사람의 마음속에 그 무엇으로도 채울 수 없는 공허가 있었다! 온갖 선한 일을 하고, 율법을 지키고, 도덕적 삶을 산 사람도 자기 삶에 부족함이 있다는 것을 알았다.

예수님께서 그분의 공생애 중에 비판하신 것 중 하나는 종교적 완전함의 공허였다. 온갖 종교의식을 지키고 율법에 따라 제사를 드리고, 경전에 규정된 거룩한 날들을 다 지킨 사람이 속으로는 공허함을 느껴 "아직도 무엇이 부족하니이까?"라고 물은 것이다.

자연인, 도덕적 인간, 종교적 인간 사이에는 공통점이 있다. 그들 모두는 설명할 수 없는 갈망을 마음에 품은 채 탐욕과 이기심에 이끌려 '삶의 충족'을 추구한다. 그러나 그런 삶은 가짜이다. 그들은 목표에 집착하고, 적극적 사고방식과 심리학, 교육, 그리고 인간의 겉모습에 최선을 다한다. 하지만 이 모든 것은 중심까지 썩은 내면을 감추고 겉모양만 다듬었을 뿐이다.

그들이 생각하는 완전함을 아주 간단히 표현하자면, "네가 될 수 있는 최선의 존재가 되어라!"라는 것이다. 그러나 인간이 아무리 최선을 다한다 해도 창조주 하나님께서 모든 인간 안에 심어두신 '아직 발견되지 않은 가능성'에는 미치지 못한다. 하나님 없이 우리가 될 수 있는 최선의 존재가 되는 것이 그분의 창조 목적은 아니다. 우리 삶에서 그분을 배제하면, 창조 때 부여받은 우리의 가능성을 크게 약화할 뿐이다.

영적 완전함은 무엇을 의미할까? 자연인, 도덕적 인간, 종교적 인간이 영적 완전함에 이를 수 없다면 어디에서 희망을 찾아야 할까?

간단히 말해, 영적 완전함은 인류를 향한 하나님의 궁극적 목적과 관련된다. 이 목적은 창조 때부터 지금까지 변하지 않았다. 바로 이 목적을 위해 그분은 아담과 하와를 창조하여 에덴에 거하게 하셨다.

영적 완전함에 이르려면

영적 완전함을 이해하려면 두 가지를 알아야 한다.

1. 하나님의 창조 목적을 알라

첫째, 하나님이 인간을 창조하신 목적을 알아야 한다. 왜 하나님은 아담과 하와를 창조하셨는가? 그들의 창조 뒤에 숨은 목적은 무엇인가?

이 질문에 답하려면, 창세기로 돌아가 처음부터 깊이 살펴야 한다. 성경 연구의 원리 중에는 '최초 언급의 법칙'이라는 것이 있다. 어떤 주제에 대해 성경 전체가 무엇을 말하는지 알려면 이 법칙을 반드시 기억해야 한다. 간단히 말해, 성경이 어떤 주제에 대해 제일 처음 언급한 것이 그다음 관련 내용의 해석을 위한 기준이 된다는 뜻이다. 하나님은 최초에 언급된 것을 성경 끝까지 끌고 가신다.

창세기는 인류를 향한 하나님의 목적에 대해 이렇게 밝힌다. "하나님이 이르시되 우리의 형상을 따라 우리의 모양대로 우리가 사람을 만들고 그들로 바다의 물고기와 하늘의 새와 가축과 온 땅과 땅에 기는 모든 것을 다스리게 하자 하시고"(창 1:26).

이 구절에 다른 뜻이 더 있을지 모르지만, 여기서 우리는 인류가 하나님을 위해, 그리고 그분과 교제하기 위해 창조되었음을 알게 된다. 하나님이 창조하신 다른 피조물과 달리 오직 인간만이 그분과 교제한다. 날이 서늘할 때 동산에서 그분과 함께 거닐던 이는 아담과 하와였지, 코끼리나 호랑이나 고릴라가 아니었다. 오직 인간만이 그분의 형상을 따라 창조되었다.

인간과 하나님의 교제에 종지부를 찍은 것은 동산에서 일어난 인간의 타락이었다. 인간은 사탄의 속임수에 넘어가 타락했다. 타락의 무서운 죄가 인간의 창조 목적(인간과 하나님 사이의 교제)을 파괴했고, 인간 내면의 빈자리에는 커다란 공허만 남게 되었다.

2. 그리스도의 십자가를 알라

둘째, 신약이 증언하는 그리스도의 십자가를 알아야 한다. 인간을 본래 창조 목적에 부합하는 존재로 회복하는 것이 속량의 목적이다. 단지 인간을 더 나은 존재로 만들기 위해 속량하는 것이 아니라 그가 하나님과 온전히 교제하는 자리로 돌아가게 하는 것이다. 속량은 우리가 육적으로 최선의 존재가 되도록 돕는 것이 아니다. 속량에는 영적 요소가 있다. 속량은 우리와 하나님 사이의 관계를 위한 것이다. 그리고 우리가 우리를 향한 그분의 본래 목적을 다시 발견하는 것이 속량의 목직 중 하나이다.

그러므로 인류를 향한 하나님의 궁극적 목적은 인류와 함께 무한히 교제하고, 깊은 관계를 즐기시는 것이다. 이 교제는 정체되고 수동적인 것이 아니라 역동적이고 성장하며, 궁극적으로 우리가 예수 그리스도를 더욱더 닮는 것을 의미한다.

인간이 생각하는 완전함의 개념은 언제나 그리스도를 배제하지만, 하나님의 완전함의 개념은 우리가 예수 그리스도 안에서 완전한 성숙에 이르는 것이다. 그래서 어떤 찬송가 작사가는 "오, 당신을 닮기 원하네!"라고 노래했다.

인간이 생각하는 완전함은 인간이 최고 이상에 도달하는 것이지만, 하나님은 우리가 '그리스도 안에서' 최고 이상에 이르는 것을 말씀하신다.

언제나 나는 어거스틴의 자기 고백적인 책 《참회록》(Confessions)의 첫 장에 감탄해왔다. 그는 "당신은 당신을 위해 우리를 지으셨나이다. 우리는 당신 안에서 온전히 안식할 때까지 평안을 모릅니다"라고 고백했다. 성경적 관점에서 하나님 안에 있는 안식과 평안은 우리가 영적 완전함을 향해 달려가게 만드는 추진력이다. 우리는 어떤 목적을 위해 창조되었기 때문에 그 목적을 달성하기 전에는 세상 그 무엇으로도 평안을 얻을 수 없다. 우리 마음속 불안은 너무 깊은 곳에 박혀 있어서 인간적, 자연적으로는 그 불안을 제거할 수 없다.

하나님은 주 예수 그리스도를 통해 우리를 바라보신다. 하나님은 온전한 충만함과 영광 가운데 계신 그리스도를 우리 안에서 보기 원하신다. 그분이 그리스도를 우리 안에서 보시는 것이 성경이 말하는 영적 완전함이며, 우리가 그리스도 안에 있는 충만한 성숙함에 이르는 것이다.

천국에 소망을 두는 삶

언젠가 나는 모든 이에게 사랑받는 조각품을 만드는 위대한 조각가에 대한 글을 읽었다. 누군가 그에게 걸작의 비결이 무엇이냐고 물었을 때 그는 다음과 같이 말했다. "나는 내 작품 구상에 속하지 않는 것들을 모두 정으로 쪼아 제거하는 방법을 사용합니다." 이 조각가는 화강암 같은 조각 재료에서 누구도 볼 수 없는 것을 그 안에서 보았다. 걸작의 천재성은 그의 작품 구상에 속하지 않는 것을 제거하여, 그가 본래 구상한 형상이 드러나도록 하는 것이었다.

하나님께서는 그분 자신을 위해 인간을 만드셨다. 인간과 날마다 더 깊어지는 아름다운 교제를 즐기시는 것이 인간을 창조하신 목적이었다. 주 예수 그리스도의 십자가를 통해 인간을 보실 때 그분은 다른 누구도 볼 수 없는 것을 보시는데, 바로 그리스도를 보신다! 그리고 하나님의 본래 구상에 어긋나는 것이 인간의 삶에서 발견되면, 즉 그리스도를 닮지 않은 것이 발견되면 그것을 제거하는 수고를 하신다. 하나님의 조각 작품이 완성되려면 몇 개월 또는 몇 년이 걸릴 수도 있지만, 그분은 서두르지 않으신다. 왜냐하면 하나님의 작품이 워낙 정교하고, 그분의 솜씨로 탄생할 결과물이 어마어마하기 때문이다.

그렇다! 서두르지 않으시는 하나님이 그리스도의 형상에 속하지 않는 모든 것을 제거하시기 위해 모든 수단을 동원하여 수고하신다. 주도적으로 우리 삶에 브레이크를 거신다. 이 것은 우리를 영적으로 성숙한 신자로 만들기 위해 반드시 치러야 할 대가이다.

명장 조각가가 화강암으로 작업하는데, 화강암이 바닥에 떨어지는 조각들에 대해 자꾸 이의를 제기한다면 어떻게 될까? 화강암이 명장에게 자기의 어느 부분을 정으로 쪼아내야 하는지 자꾸 명령한다면 어떻게 될까? 결코 그래서는 안 된다! 하나님은 우리 안에 그리스도의 형상을 빚으시는 위대한 조각가요 건축가이시다. 그분은 자신이 무얼 하시는지 정확히 알고 계시지만, 종종 우리는 그분이 너무 많이 깎아내신다고 느낀다. 그분이 너무 멀리 나가셨다고 느낀다.

그러나 안심하라! 우리의 명장께서는 그분의 궁극적 목적을 늘 염두에 두시기에 그분의 일을 너무나 잘 알고 계시다. 우리가 분명히 알고 있어야 할 한 가지 사실은 이 세상이 그분의 목적이 아니라는 것이다. 우리는 세상살이에 몰두한 나머지 자꾸 천국을 망각한다.

과거 세대의 설교자들은 현재 삶이 천국을 위한 준비 과정이라고 설교하곤 했다. 안타깝게도, 요즘 이런 이야기는 듣기 힘들다. 대신 천국의 삶에는 전혀 관심이 없고 현재에만 초점을 맞춘 자연인과 도덕적 인간과 종교적 인간의 목소리가 들린다. 그러나 명장 조각가요 건축가이신 분이 내 삶에서 행하고 계신 것은 지금보다는 천국의 삶을 위한 준비이다.

이것을 잘 알았던 위대한 찬송가 작사가 패니 크로스비(Fanny Crosby, 1820~1915)는 많은 찬송가에서 이에 대해 노래했다. 그녀의 찬송가 〈은혜로 구원받아〉를 보자.

언젠가 이 땅의 내 집은 무너지리라

그 일이 얼마나 빨리 닥칠지 모르지만,

내 모든 것 되시는 분이

하늘에 내 집을 마련해두신 것은 확실히 안다네

그녀의 초점은 이 땅의 집에 있지 않았다. 그녀는 이 땅의 집이 언젠가 썩어 사라질 것을 알았다. 그녀는 그녀의 모든 것, 즉 다름 아닌 예수 그리스도에게 소망을 두었다. 주님이 그녀 삶의 위대한 건축가요 조각가이셨다. 그분은 그녀의 삶을 이 세상이 아니라 천국에 맞춰 설계하는 분이셨다.

모든 신자를 향한 하나님의 일차적 의도는 그들이 '완전한 데로 나아가는 것'이다. 하나님께서는 모든 방법을 동원하여 목적을 이루신다. 필요하다면, 당신의 허락을 구하지 않으시고 모든 방법을 동원해 당신의 삶을 가로막으신다. 내 영적 완전함은 나를 그분의 형상으로 창조하신 분의 지혜를 통해 이루어진다.

오 주님, 부드럽게 우리를 인도하소서

우리가 눈물 골짜기를 지나도록 정하셨지만,

우리를 이끌어주시면

마침내 변화된 모습이 나타나리라

유혹의 화살이 날아올 때도

우리가 곁길로 빠질 때도

당신의 선하심으로 끝까지 우리를 붙드소서

우리를 인도하사 당신의 온전한 길로 가게 하소서

고통과 비통에 빠져 있을 때

죽음이 시시각각 다가올 때

우리의 마음이 낙심하지 않게 하시고

우리의 영혼이 두려움에 사로잡히지 않게 하소서

언젠가 끝날 수밖에 없는 이 생명이 끝날 때

당신 품속의 안식을 허락하소서

그리하시면 천사들의 찬송이 울려 퍼지는 가운데

깨어난 우리가 영생 얻는 자들을 보게 되리라

오, 당신의 은혜의 개선식에서

당신의 복을 우리에게 상급으로 주소서

그리하시면 당신의 거처에서 찬양의 메아리가

끝없이 울려 퍼지리라

_토머스 헤이스팅스(Thomas Hastings, 1784~1872)

〈부드럽게 우리를 인도하소서〉

A Disruptive
Faith

시련 속에서
단단해지는
믿음

말씀을 비틀고
왜곡하지 말라

사랑하는 자들아 우리가 이같이 말하나 너희에게는 이보다 더 좋은 것
곧 구원에 속한 것이 있음을 확신하노라 _히 6:9

'믿음'이라는 주제는 우리에게 큰 가능성을 열어준다. 어떤
이들이 개인의 목적을 이루기 위해 '믿음' 같은 주제를 교묘히
이용하는 것을 볼 때마다 경악하지 않을 수 없다. 그들은 이
런 식으로 말한다. "당신의 문제가 무엇이든 간에 그 해결 방
법은 믿음입니다. 돈이 더 필요하다면 믿음으로 돈을 얻으십
시오. 출세하고 싶다면 믿음으로 구하십시오. 그러면 틀림없

이 그렇게 될 것입니다." 그들은 "믿기만 하면 다 가질 수 있다" 또는 "원하는 것을 말하고 믿음으로 주장하면 다 얻을 수 있다"라는 말을 좌우명으로 삼는다.

그들은 "너희에게는 이보다 더 좋은 것 곧 구원에 속한 것이 있음을 확신하노라"(히 6:9)라는 말씀을 건너뛴다. 자신이 원하는 것을 얻기 위해 믿음을 수단으로 사용하는 것은 히브리서가 말하는 '더 좋은 것'이 아니다. 이런 잘못된 생각을 정당화하기 위해 성경에서 가장 많이 악용되는 책이 히브리서라고 생각한다.

믿음을 수단으로 사용하라는 메시지를 전하는 설교를 들을 때마다 또는 그런 메시지가 담긴 책을 볼 때마다 내가 본 어떤 공장의 간판이 생각난다. 그 공장은 나무로 된 온갖 종류의 제품을 생산하는 공장이었다. 예를 들면 빨래집게, 의자 다리 등 나무로 만들 수 있으리라 상상되는 온갖 것을 만들었다. 그 공장의 간판에는 "비틀고 돌리는 것은 여기서 다 합니다"라고 쓰여 있었다. 자신이 원하는 것을 얻기 위해 믿음을 수단으로 사용하라고 권하는 책들의 표지에 이 간판의 글귀를 넣으면 딱 맞을 것 같다!

바른 성경 해석이 필요하다

내가 보기에 히브리서 6장이 성경에서 가장 어려운 장 중 하나일 것이다. 그래서 자신이 무슨 말을 하는지 모르는 설교자들이 이 장을 비틀고 돌리는 일이 벌어질 수밖에 없다. 이 장은 전후 문맥의 흐름에 비추어볼 때 그 의미가 드러나기 시작한다. 성경의 어떤 부분도 특정 신학에 맞추기 위해 비틀고 돌려서는 안 된다고 나는 굳게 믿는다. 하지만 이런 교묘한 일이 벌어지는 것이 오늘날의 현실이다.

오늘날 설교자들은 자신의 신학 틀에 맞추어 그 틀에 맞는 성경의 부분만을 받아들인다. 물론 나는 신학을 믿는다. 쉽게 말해, 신학은 하나님을 연구하는 것이다. 하나님을 연구하는 것보다 더 중요하고 흥미로운 것이 있겠는가? 그러나 성경의 특정 부분을 배제하는 신학은 신뢰할 수 없다.

사각형 모양으로 생긴 못을 동그란 구멍에 대고 억지로 박으면 그 못은 부서지고 만다. 오늘날 성경을 연구하는 많은 신학자의 머리에 제일 먼저 떠오르는 질문은 "이 성경 구절이 내 신학적 입장에 들어맞는가?"일 것이다. 그들은 어떤 성경 구절이 자기의 신학적 입장에 맞지 않으면 온갖 방법을 동원해 그 구절을 옆으로 제쳐놓는 부정직한 짓을 서슴지 않는다.

말씀을 자기 입장에 맞추기 위해 성경 구절을 비틀고 돌리는 일에 아주 능숙하다.

이런 문제의식에서 종종 나는 "그리스도인들은 거짓말을 하지 않는다. 다만 교회에서 거짓을 노래할 뿐이다"라고 말해왔다. 많은 이들이 그들의 교리적 입장에 맞지 않는 찬송가를 부르는 것을 볼 때 나는 놀라지 않을 수 없다. 그들은 찬송가를 부를 때 자기들이 어떤 찬송을 부르는지 생각하지 않는 것 같다. 이렇게 앞뒤가 맞지 않는 '찬송가 부르기'의 최악의 예를 보여주는 사람들은 바로 설교자들이다. 집회에서 회중이 교회의 오래되고 훌륭한 찬송가를 부른 직후에 설교자들이 설교단에 서서 그 찬송가 내용과 정반대되는 설교로 분위기를 망쳐버리는 것을 나는 종종 보았다. 슬픈 일은 그런 설교자 대부분이 자기가 그렇게 한다는 사실조차 알지 못한다는 것이다. 오늘날 교회에서 찬송가 부르는 일이 그토록 줄어든 것이 이런 슬픈 현실 때문인 것 같다.

오늘날 교회에서 주일 오전마다 이렇게 비틀고 돌리는 일이 많이 일어나고 있다. 그러나 성경에서, 특히 히브리서에서 밝히는 성경적 믿음은 교회에서 흔히 발견되는 이런 비틀기와 돌리기를 극복하라고 우리에게 도전한다. 성경 구절을 비틀고 돌려서 하나님께서 본래 의도하시지 않은 뜻으로 해석하는 것은 그분의 영광을 가리는 일이다.

칼빈주의자 vs. 알미니우스주의자?

이에 해당하는 몇 가지 예를 들어보자.

나는 종종 "당신은 칼빈주의자입니까 아니면 알미니우스주의자입니까?"라는 질문을 받는다. 이 문제를 매우 중요하게 여기는 사람들이 많다. 그들은 다른 이들이 이 오래된 신학 논쟁에서 어느 편에 서는지 알고 싶어서 안달이 나 있다. 칼빈주의와 알미니우스주의 사이에서 선택을 강요하는 압박이 강해져 사람들은 양자택일로 내몰린다. "당신은 칼빈주의자가 될 것입니까? 아니면 알미니우스주의자가 될 것입니까? 당신이 칼빈주의자라면 알미니우스주의적인 냄새가 풍기는 것은 무조건 배격해야 합니다. 반대로 알미니우스주의자라면 칼빈주의적인 것을 용납할 수 없습니다." 이런 식의 이야기들이 나돈다.

그러나 내가 볼 때 이런 현상은 매우 위험하다. 이것은 오른손과 왼손 중에 하나만 고르라고 강요하는 것과 같다. "당신이 오른손을 사용한다면 왼손을 잘라버려야 합니다"라고 말한다면 얼마나 황당할까? 나에게 오른손과 왼손이 있는데,

이 두 손은 서로 협동을 잘한다.

칼빈주의와 알미니우스주의에 대해 누군가와 얘기할 때면 나는 종종 잉글랜드의 유명한 설교자를 생각하게 된다. 그는 "설교할 때 나는 알미니우스주의자입니다. 그리고 기도할 때는 칼빈주의자입니다"라고 말했다. 나는 그 말이 명언이라고 생각해왔다. 그의 이 말은 많은 선하고 믿음직한 복음주의자들의 생각과 내 생각을 아주 정확히 대변해준다. 이 잉글랜드 설교자의 말에는 "나는 일부러 모호하게 말하는 칼빈주의자이고, 자기 입장을 변호하는 알미니우스주의자입니다"라는 뜻이 포함되어 있다고 생각한다. 나는 "존 칼빈이 태어나기 전에는 그리스도인이 무엇이었는가? 왜 우리는 그저 그리스도인일 수 없는가?"라고 묻고 싶다.

나는 기독교선교연합 교단의 선교위원회에서 여러 해 동안 봉사해왔다. 가장 친한 친구 두 명도 나와 함께 이 위원회를 섬기고 있다. 우리 세 사람 모두 각자 나름대로 긴 신앙의 여정을 걸어온 사람들이다. 우리는 서로 다른 길을 걸어왔지만, 수년에 걸쳐 좋은 친구가 되었다. 둘 중 한 사람은 확고한 칼빈주의자이다. 만일 당신이 그의 교회 주일예배에 참석한다면 매우 훌륭한 칼빈주의적 설교를 듣게 될 것이다. 반면, 다른 한 친구는 알미니우스주의자이다. 그것도 철저한 알미니우스주의자이다. 어느 주일이든 그의 교회에 가면, 거기서 알미니우스주의자들의 풍성한 향연을 맛보게 될 것이다. 전에는 결코 맛보지 못했던 향연 말이다.

비록 이 두 사람은 서로 다른 교리적 입장을 가졌지만, 그들이 선교위원회에서 만나면 완벽히 조화를 이룬다. 그들은 그들의 교리적 신념을 위원회 사무실 문 앞에 두고 들어와 주님의 마음으로 하나 되어 선교회를 위해 일한다.

바로 이것이다! 만일 우리가 교리적 입장이 같은 사람들과만 어울린다면 성경 말씀을 비틀고 돌리는 죄를 범하는 것이다. 그래서는 안 된다!

교회 역사를 쭉 훑어보면, 칼빈주의 진영과 알미니우스주의 진영 모두에서 위대한 그리스도인들이 발견된다. 이것을 볼 때 나는 칼빈주의냐 알미니우스주의냐 하는 문제가 그렇게 중요한 것이 아니라고 믿게 된다. 당신이 이 두 가지 중에서 양자택일해야 할 필요가 없다는 것이 내 생각이다. 만일 그렇게 해야 한다면 둘 중 하나는 잘못된 것이다. 어느 쪽이 잘못되었는가?

내 머리에 한 사람이 떠오르는데, 감리교의 창시자 존 웨슬리(John Wesley)이다. 그는 철저한 알미니우스주의자였고, 그의 표현대로 '칼빈주의의 허튼소리'에 신경 쓸 시간이 조금도 없었다. 내가 그의 설교문을 읽어봐도 그는 틀림없이 알미니우스주의자였다.

그런데 내 이야기는 여기에서 끝나지 않는다. 존 웨슬리가 임종을 맞았을 때 가족과 친구들이 그의 주위에 빙 둘러섰다. 그의 입에서 흘러나오는 희미한 노랫소리가 그들의 귓가에 들렸다. 가족 중 한 사람이 그 노래가 무엇인지 알기 위해 귀를 기울였다. 웨슬리는 분명히 찬송가를 부르고 있었다. 당신 생각에는 그가 어떤 찬송을 불렀을 것 같은가?

호흡이 있는 동안 조물주를 찬양하리

죽음이 내 목소리를 앗아가도

찬양은 나의 더 고귀한 능력을 사용하리라

내 찬양의 날들이 끝나지 않으리니

생명과 생각과 존재가 계속되는 한,

불멸이 지속되는 한

이 찬송가를 누가 썼는지 아는가? 다름 아닌 철저한 칼빈주의자 아이작 왓츠(Isaac Watts, 1674~1748. 영국의 비국교파 목사로서 찬송가 작사가)이다! 철저한 알미니우스주의자 웨슬리는 삶의 마지막 순간에 칼빈주의자와 한마음이 되어 "호흡이 있는 동안 조물주를 찬양하리"라고 노래했다! 우리를 만드신 분을 경배하고 숭모하는 일에는 칼빈주의자니 알미니우스주의자니 하는 것이 없다. 경배하며 고동치는 심장에는 그런 구별이 눈 녹듯 사라진다.

천국에는 진정 칼빈주의자니 알미니우스주의자니 하는 구별이 없을 것이다. 그런 구분은 진주문 너머에서는 허락되지 않는다. 펜실베이니아주 출신의 내 친구들은 종종 나를 놀리기 위해 "천국에 가면 교파가 딱 하나 있을 거야"라고 말한다. 그 하나의 교파는 '그리스도 안의 형제들'이라는 것이다. 그들의 말을 사실 반박하기 힘들다.

만일 어떤 설교자가 칼빈주의자라면 당신은 그의 설교에서 많은 비틀기와 돌리기를 보게 될 것이다. 설교자가 알미니우스주의자라도 마찬가지이다. 나는 "성경이 각자의 교리적 입장을 지지하게 만들기 위해 성경을 비틀고 돌리는 일을 왜 그만두지 못하는가?"라고 묻고 싶다. 왜 우리는 성경을 그냥 믿으면 안 되는가?

예수 그리스도를 믿는 신앙은 우리 주변에서 볼 수 있는 온갖 옹졸함을 떨쳐버릴 수 있도록 힘을 주는 신앙이라고 믿는다.

온갖 비틀기와 돌리기

일부 설교자들이 히브리서 6장 본문으로 설교할 때 온갖 종류의 비틀기와 돌리기를 하는데, 몇 가지 예를 들면 다음과 같다.

'한 번 빛을 받고'

"'한 번 빛을 받고 … '떨어져 나간' 자들'(히 6:4,6 참조, KJV 영어성경 역자 사역, '떨어져 나간'이 개역개정판 한글성경에는 '타락한'으로 번역되어 있다)은 단지 빛을 받았을 뿐이다"라고 주장하는 사람들이 많다. 이렇게 주장하는 사람들은 '떨어져 나간'(fall away) 자들이 실제로 거듭난 사람들이 아니라 단지 빛을 받았던 자들이라고 말한다. 그러나 나는 성경을 성경으로 풀기 원한다. 그렇게 하는 것이 성경 해석의 유일한 방법이라고 믿는다.

'빛을 받고'(enlightened)라고 번역된 단어와 동일한 단어가 사도 바울의 에베소서에서도 발견된다. "너희 마음의 눈을 '밝히사'(enlightened) 그의 부르심의 소망이 무엇이며 성도 안에서 그 기업의 영광의 풍성함이 무엇이며 그의 힘의 위력으로 역사하심을 따라 믿는 우리에게 베푸신 능력의 지극히 크심이 어떠한 것을 너희로 알게 하시기를 구하노라"(엡 1:18,19). 이 단어가 두 군데 모두에서 사용되고 있다.

이 단어가 서로 다른 뜻으로 사용되고 있다고 해석한다면, 그것은 대단한 비틀기와 돌리기이다. 에베소서에서 바울은 에베소교회 교인들의 영적 생명이 성장하기를 기도했다. 그들은 그리스도인이었다. 그들은 단지 빛을 가진 것이 아니라 그들의 마음 안에 계신 성령의 역사하심에 의해 빛을 받은 것이었다. 이 단어가 에베소서에서 그런 뜻으로 쓰였다면, 히브리서에서도 동일한 의미로 쓰여야 한다.

'하늘의 은사를 맛보고'

성경 말씀을 비틀고 돌리는 사람들은 "하늘의 은사를 맛보고"(히 6:4)라는 말씀을 비틀고 돌리기 위해 열을 올린다. 그들은 "히브리서가 말하는 떨어져 나간 자들이 하늘의 은사를 실제로 체험한 것이 아니라 단지 맛보았을 뿐이다"라고 주장한다. 떨어져 나간 자들은 그리스도인이 아니라 진리를 조금 맛보다가 결국 떠나버린 자들이라고 주장하는 것이다.

그러나 '맛보고'(tasted)라는 단어가 히브리서 2장 9절에서도 사용된다. "오직 우리가 천사들보다 잠시 동안 못하게 하심을 입은 자 곧 죽음의 고난받으심으로 말미암아 영광과 존귀로 관을 쓰신 예수를 보니 이를 행하심은 하나님의 은혜로 말미암아 모든 사람을 위하여 죽음을 '맛보려 하심이라'"(히 2:9). 나는 성경을 제멋대로 해석하는 자들에게 "당신들은 예수님께서 단지 죽음을 조금 맛보셨다고 주장하려는 것인가?"라고 묻고 싶다. 예수님께서 정말로 죽음을 체험하신 것이 아니라 단지 죽음을 조금 맛만 보셨는가? 만일 이런 주장을 한다면 그야말로 일급 이단이다!

'성령에 참여한 바 되고'

이 말씀도 비틀기와 돌리기에 희생되기 쉬운 말씀이다. '참여하다'(partake)라는 단어의 의미를 왜곡하여 해석하는 사람들은 "떨어져 나간 자들이 성령에 참여하는 일에 전심전력을 다한 것이 아니라 단지 장난삼아 그렇게 했다"라는 주장을 내놓는다.

그러나 다른 곳에서 사용된 이 단어의 의미를 살펴보면, "참여자가 되다, 참여하다, 받아들이다, 먹어서 체험하다"라는 뜻이 있다. 나는 이 단어에 '체험하다'라는 뜻이 있다는 생각을 떨쳐버릴 수 없다. 떨어져 나간 사람들은 성령을 받고 체험한 사람들이었다. "성령에 참여한 바 되고"라는 말씀을 어떤 식으로 비틀고 돌리든 간에 이것은 매우 위험한 일이다.

'다시 새롭게 하여 회개하게 할 수 없나니'

이 말씀이야말로 다른 어떤 것보다 더 많은 비틀기와 돌리기에 희생되었다.

바울이 에베소교회에서 기도해주었던 그리스도인들, 하늘의 은사를 맛보았던(체험했던) 그리스도인들, 성령에 참여한 바 된 그리스도인들, 하나님의 선한 말씀과 능력을 체험했던 그리스도인들, 이런 그리스도인들이 떨어져 나가면 다시 새롭게 하는 것이 불가능하다. 히브리서 기자가 염두에 두었던 당신과 내가 새롭게 할 수 없는 사람, 바로 그런 사람이 틀림없이 존재한다. 그가 떨어져 나갔다면, 우리가 그를 다시 새롭게 하여 회개에 이르게 하는 것은 불가능하다.

우리의 해석을 어렵게 하는 두 가지 표현이 있는데, 하나는 '떨어져 나가다'(fall away)이고, 다른 하나는 '다시 새롭게 하여 회개하게 하다'(renew unto repentance)이다. 바로 여기에서 비틀기와 돌리기가 극에 달한다. 성경이 사용하는 '떨어져 나가다'라는 표현에 담긴 뜻은 무엇일까? 인간이 어디까지 떨어져 나갈 수 있는가? 떨어져 나간다는 것이 '신앙의 퇴보'를 의미하는 것인가?

이것이 신앙의 퇴보를 말하는 것이라면, 맞지 않는 것이 몇 가지 있다. 신약성경에서 신앙의 퇴보를 분명히 보여주는 두 사람은 베드로와 마가이다. 이 두 사람은 신앙적으로 퇴보했다가 나중에 회개하고 용서받고 다시 교제를 온전히 회복했다. 그들의 신앙적 퇴보와 회개에 대한 성경의 기록을 읽어보라.

회개한 베드로가 오순절에 한 설교는 교회를 탄생시켰다. 회개한 마가는 바울이 보기에 훌륭한 전도 사역자로 변해 있었다. 그러므로 히브리서 6장에서 말하는 '떨어져 나가는 것'이 신앙의 퇴보를 의미한다고 보기는 힘들다.

히브리서 6장을 비틀고 돌리는 사람 중 어떤 이들은 신앙적으로 퇴보한 사람들을 다시 새롭게 하여 회개에 이르게 하는 것이 불가능하다고 말한다. 그러나 히브리서는 결코 그런 뜻으로 말하지 않는다. 교리 체계의 세부 논리에 빠져서 그 거미줄에 걸려들면 하나님께서 우리에게 말씀해주시려는 것을 듣지 못하는 잘못을 범할 수 있다.

여기에서 나는 당신에게 나중에라도 도움이 될 한 가지 작은 원리를 말해주고 싶다. 이 원리는 하나님을 믿는 전 세계 교회에서 언제나 적용될 수 있다고 확신한다. 이 원리는 다음과 같다. 용서받을 수 없는 죄를 범한 것이 아닌가 걱정하는 사람은 그런 죄를 범한 것이 아니다. 용서받을 수 없는 죄를 범한 사람은 그런 걱정을 하지 않는다! 다시는 희망이 없을 정도로 철저히 배교한 사람은 결코 그런 걱정을 하지 않는다.

마태복음 12장 31절에서 바리새인들이 한 말을 그리스도께서는 용서받을 수 없는 죄의 증거로 낙인찍으셨다. 그러나 그 바리새인들은 예수님이 하신 말씀에 대해 털끝만큼도 걱정하지 않았다. 그들은 자기들이 의롭다고 믿었다. 그들에게서 뉘우침, 죄책감, 슬픔, 회개, 겸손 그리고 온유함은 찾아볼 수 없었다. 자기들이 의롭다고 굳게 믿었다. 예수님의 말씀에 따르면, 그들은 성령의 일하심을 마귀의 역사로 돌렸기 때문에 용서받을 수 없는 죄를 범했다. 만일 그들이 '그런 죄를 범한 것이 아닌가?' 하고 두려워했다면, 겸손히 낮아져 온유한 태도를 보이며 두려워했을 것이고, 간수처럼 나아와 떨며 "내가 어떻게 하여야 구원을 받으리이까"(행 16:30)라고 물었을 것이다. 하지만 그들은 그럴 생각이 조금도 없었다.

그러므로 만일 당신이 용서받을 수 없는 죄를 범한 것이 아닌지 걱정한다면 그 죄를 범한 것이 아니다. 당신에게 그런 걱정이 있다는 것은 하나님의 영이 당신의 마음 안에서 일하고 계신다는 증거이다. 하나님의 영은 '죽음에 이르는 죄'를 범한 사람의 마음 안에서 일하시지 않는다. 용서받을 수 없는 죄를 범한 것이 아닌가 걱정하는 것은 '죽음에 이르는 죄'를 범했다는 증거가 될 수 없다. '떨어져 나가다'라는 말이 무엇을 의미하는지 제대로 깨닫기를 간절히 바란다! 한 가지 분명한 것은 '떨어져 나가다'라는 말에는 "믿음에서 떨어져 나가는 것에 별 신경 쓰지 않을 만큼, 그것을 두려워하지 않을 만큼, 그에 대해 더는 감정을 느끼지 못할 만큼, 그 고민이 어리석다고 치부할 만큼 멀리 가버렸다"라는 뜻이 담겨 있다.

내가 앞에서 사용했던 '일부러 모호하게 말하는 칼빈주의자, 자기 입장을 변호하는 알미니우스주의자'라는 표현으로 돌아가보자. 어떤 이들은 사람이 거듭났다가 그 후에 죄를 짓고 구원을 잃어버리는 일이 일어날 수 있다고 믿는다. 이와 반대에선 이들은 나름의 설명과 해석을 동원하여 그들을 반박한다. 어느 쪽이든 자기 견해를 극단적으로 주장하면 문제가 된다.

어떤 젊은 여자가 내게 "나는 세 번 구원받았습니다"라고 말했다. 분명히 말하지만, 나는 이런 말을 듣는 것을 좋아하지도 않고 이 말이 옳다고 생각하지도 않는다. 당신도 추측하겠지만, 이 여자는 구원이 무엇을 의미하는지 정확한 개념이 없었다. 하지만 그렇다고 해서 내가 이 여자의 반대편에 서서 "나는 회심했으니 지옥에 가고 싶어도 갈 수 없습니다"라고 말하고 싶은 생각도 없다(사실 그렇게 말하는 사람들도 있다).

내 개인적인 생각을 말하자면, 내가 그들처럼 말하게 될까 봐 조금 두렵다. 사실 나는 회심한 사람은 그렇게 말하지 않으리라고 생각한다. 우리의 신앙은 '우리가 믿는 것'이라기보다는 '우리가 믿는 분'에 근거한다. 이 근본적인 성경의 진리는 아무리 비틀고 돌려도 바뀔 수 없다.

성경 해석을 잘못할 때 따르는 위험

이 모든 비틀기와 돌리기에는 몇 가지 심각한 영적 위험이 따른다. 솔직히 말해, 우리는 인생의 어느 시점에 비틀기와 돌리기의 잘못을 어느 정도 범한다. 이 모든 비틀기와 돌리기 때문에 생기는 위험을 아는 것이 중요하다고 본다. 내가 본 위험 중에서 몇 가지에 대해 생각해보자.

1. 내 견해를 성경의 교훈보다 높인다

첫 번째 위험은 내 견해를 성경 전체의 교훈보다 높이는 것이다. 이것은 성경을 내 개인적 견해의 심판대 앞에 세우는 것이다. 모든 사람은 자신의 견해를 가지고 있다. 우리 중 많은 이들이 자신의 견해를 포기하기보다 차라리 죽음을 택할 것이다. 그렇다면 우리의 견해는 어디에서 온 것인가? 우리를 구원으로 이끌고 신앙적으로 성장시켜 주님을 알게 해준 목회자가 어떤 주제들에 대해 그의 견해를 우리에게 주입했을 수도 있다. 그렇다면 그의 견해가 하나님의 말씀 자체를 능가한 것인데, 이것은 너무 위험하다.

사실 자신만의 독창적 견해를 가진 사람은 아무도 없다. 우리가 가진 모든 견해는 다른 곳에서, 또 다른 누군가에게서 온 것이다. 지금껏 여러 해에 걸쳐 나는 성경의 명백한 교훈에 뿌리를 두지 않은 많은 견해에 대해 죽어야 했다. 처음 구원받은 사람은 그가 출석하는 교회의 교리적 가르침을 받아들이는 데 열중하기 때문에 교리적 문제에 대해 충분히 생각하거나 기도하지 못한다.

정치, 스포츠, 문학, 음악에 견해를 갖는 것은 좋은 일이다. 그런 견해들은 개인적인 호불호에서 나온다. 어떤 이들은 그들의 아버지가 어떤 축구팀의 팬이었다는 이유로 그 팀의 팬이 된다. 그 팀이 지난 13년간 단 한 게임도 이기지 못했을지라도 여전히 그 팀을 응원하고, 그들 눈에는 어디에서나 최고의 팀이다. 그들의 견해는 외부적 요인 때문에 나타난 견해이다. 당신의 견해를 잘 살펴보라.

2. 다른 교파의 그리스도인과 교제하지 못한다

견해의 차이가 위험한 또 다른 이유는 그리스도인들이 견해 차이 때문에 다른 교파의 그리스도인들과 어울리지 못할 수도 있기 때문이다. 예를 들어, 칼빈주의자는 "알미니우스주의자들과 결코 어울리지 마십시오"라는 말을 듣게 될 것이고, 알미니우스주의자는 "칼빈주의자들과 절대 어울리지 마십시오"라는 말을 듣게 될 것이다. 종종 나는 "칼빈주의만이 참된 길이기 때문에 나는 칼빈주의자입니다"라는 말을 듣게 된다. 만일 칼빈주의만이 참된 길이라면 알미니우스주의는 틀림없이 이단일 것이다.

그리스도인을 분열시키는 것은 모두 우리의 적임을 기억해야 한다. 형제 사이를 가로막는 것은 다 잘못된 것이므로 그것을 거부하고 주님께 맡겨야 한다. 물론 나는 우리가 어떤 문제에 대해 견해를 갖지 말아야 한다고 말하는 것은 아니다. 다만 우리의 견해 때문에 선한 그리스도인들과 어울리지 못한다면 무언가 잘못된 것이다. 그런 견해를 주님께 맡겨드려야 한다.

3. 복음보다 교파를 강조할 위험이 있다

교리적 입장에 집착할 때 생길 수 있는 최악의 위험은 세상에 나가 복음을 전할 때 일어날 수 있다. 잃어버린 사람들을 향해 단순히 복음을 전하지 않고, 칼빈주의나 알미니우스주의를 강조하고 싶은 유혹이 우리를 따라다닌다. 그러므로 나는 "칼빈주의나 알미니우스주의를 발전시키는 것이 무슨 가치가 있는가?"라고 묻고 싶다. 세상에 필요한 것은 알미니우스주의나 칼빈주의가 아니라 예수 그리스도이다. 그러므로 이 세상에서 그리스도를 높이는 일에 내 관심을 멀어지게 하거나 그 일에 몰두하지 못하게 방해하는 것은 즉각적으로 처리해야 한다.

4. 하나님께 양자택일을 강요하는 것이다

우리가 교리적 선입견에 집착할 때 생길 수 있는 또 다른 문제는 성부 하나님께 불쾌감을 드릴 수 있다는 것이다. 교리적 선입견에 집착하는 것은 하나님께 두 아들 사이에서 양자택

일을 하시도록 강요하는 것과 같다. 물론 그분은 그런 선택을 하지 않으신다. 우리끼리 교리적 입장을 놓고 싸우라고 그리스도께서 십자가에서 고난당하신 것이 아니다. 다른 형제에 대한 교리적 우위를 불법적으로 취하라고 그분이 죽은 자들로부터 다시 사신 것이 아니다.

성경을 비틀고 왜곡하는 잘못된 습관에 빠지지 않도록 확신 가운데 거하려면 믿을 만한 선한 성경 교육을 받아야 한다. 하지만 다른 훌륭한 그리스도인들과 교제를 막는 성경 교육이나 하나님 아버지께서 어떤 아들이 더 좋은 아들인지 선택하시도록 강요하는 성경 교육은 찬성하지 않는다. 히브리서 기자가 "너희에게는 이보다 더 좋은 것 곧 구원에 속한 것이 있음을 확신하노라"(히 6:9)라고 말한다는 것에 주목하라.

어디로, 오, 어디로 날아가오리까?
나를 사랑하시는 구주의 품밖에 더 있으리까?
당신의 품속에 안전히 눕고
당신의 날개 아래 평안히 쉬기를 원하나이다

올무를 피하는 기술이 내게 없지만

오, 그리스도시여! 당신은 내 지혜시네

나는 언제나 파멸을 향해 달려가지만

당신은 내 마음보다 크시도다

원수와 대적할 힘이 내게 없지만

당신의 능력은 영원하나이다

내가 가야 할 길을 보여주시고

거부해야 할 길도 보여주소서

나는 어리석고 무능하고 앞을 보지 못하오니

이제까지 알지 못하던 길로 인도하소서

나의 천국을 찾을 수 있는 곳으로 데려가소서

오직 당신만을 사랑할 수 있는 천국으로

_찰스 웨슬리

〈어디로 날아가오리까?〉

chapter
07

게으르지 말고
영적 보물을 찾으라

하나님은 불의하지 아니하사 너희 행위와 그의 이름을 위하여 나타낸 사랑으로 이미 성도를 섬긴 것과 이제도 섬기고 있는 것을 잊어버리지 아니하시느니라 _히 6:10

만일 내가 설교자들에게, 특히 젊은 설교자들에게 편지를 쓴다면 이렇게 쓰겠다. "당신은 회중에게 두 가지 책임이 있습니다. '언제나' 진리를 말하고, 늘 '사랑 안에서' 진리를 말해야 합니다." 설교자가 진리를 전하면서도 적대적인 태도를 보이는 것을 당신도 보았을 것이다. 그런 설교를 듣는 사람은 그가 회중에게 매우 분노하여 "여러분이 지옥에 간다고 해도 나와는 상관없는 일입니다"라고 말하는 것 같다고 느낄 것이다. 만일 교인들이 신앙의 퇴보에 빠져도 그런 설교자는 손을 씻으며 "나는 책임이 없다"라고 말할 것이다.

그러나 하나님의 사람은 그렇게 하지 않는다. 그는 사랑 가운데 진리를 말한다. 하나님은 사랑으로 설교하지 않는 사람의 말을 들으라고 그리스도인에게 요구하지 않으신다. 그런데 어떤 설교자는 때때로 진리를 희생하면서까지 사랑 안에서 설교하려고 애쓴다. 그러므로 진리에 무한정 다가가다가 깊은 물에 빠질 수도 있고, 사랑으로 한없이 걸어가다가 깊은 물에 빠질 수 있다. 회중에게 부담을 주지 않기 위해 진리를 설교하지 않든지, 아니면 사랑 없이 엄하게 진리를 전하는 양극단 중 하나에 빠질 위험이 우리 앞에 항상 도사리고 있다.

하지만 히브리서 기자는 진리와 사랑 모두를 포기하지 않는 성실함을 보여주었다. 그는 쉽지 않은 일을 해냈다. 그 편지의 수신자들이 얼마나 큰 위험에 처해 있는지 지적했다. 조심하지 않으면 믿음의 파선과 배교에 빠질 위험이 그들 앞에 놓여 있었다. 사실 많은 이들이 그런 위험을 극복하지 못하고 믿음에서 떠났다. 믿음의 사람들 앞에 놓인 위험을 지적한 후 히브리서 기자는 그들에게 위로의 말을 건넨다. 그 위로의 말을 읽으면 이 하나님의 사람이 그들의 영적 승리를 얼마나 간절히 원하는지 느낄 수 있다. 그러나 나는 그를 칭찬만 하고 끝낼 수는 없다. 왜냐하면 이 하나님의 사람보다 더 크고 웅장한 무엇이 그의 글에서 약동하고 있음을 느끼기 때문이다. 그것은 다름 아닌 거룩한 하나님의 사랑과 관심과 연민이다. 그렇다!

하나님은 잃어버린 아들을 기다리는 아버지의 근심 어린 눈빛으로, 잃어버린 양을 찾는 목자의 간절한 눈빛으로, 그리고 잃어버린 동전을 찾는 성령의 수심 가득한 사랑의 눈빛으로 우리를 내려다보신다. 우리가 하나님의 말씀을 듣고 주의하든 그렇지 않든 간에 삼위일체 하나님께서 언제나 우리를 매우 걱정하신다는 것을 확신해도 좋다.

영혼의 의사 같은 마음으로

히브리서 기자는 믿음의 형제와 자매에게 '영혼의 의사' 같은 태도로 대한다. 부드러운 사랑의 언어로 말한다. 지금껏 그들에게 사랑과 은혜를 베푸신 하나님을 생각하면서 격려한다. 이것은 "하나님은 불의하지 아니하사 너희 행위와 그의 이름을 위하여 나타낸 사랑으로 이미 성도를 섬긴 것과 이제도 섬기고 있는 것을 잊어버리지 아니하시느니라"(히 6:10)라는 그의 말에서 엿볼 수 있다.

언젠가 한 집회에서 설교를 들었는데, 그가 한 주 동안 청중에게 전하고자 한 메시지는 "여러분은 아무것도 아니다"라는 것이었다. 그는 "여러분은 소망이 없고 가치 없는 영적 극빈자이다. 여러분 중 신령한 사람은 하나도 없다. 목회자로부터 건물 관리인에 이르기까지 모두 신앙적으로 퇴보했고, 육적이고, 세속적이고, 정직하지 못하고, 표리부동하다"라고 말했다. 나는 그 집회에서 설교를 한참 듣다가 결국 그 설교자에게 마음을 닫아버렸다. 그는 우리를 충분히 알 만큼 오랫동안 함께한 사람이 아니었다. 만에 하나 우리가 그의 말처럼 그렇게 나쁜 사람들이었을지라도 그는 그것을 알 수 없었다. 육체의 병을 고치는 의사도 그 설교자처럼 하지는 않을 것이다. 의사는 환자의 병을 과장해서 말하지 않는다. 최대한 환자 가까이에서 환자를 관찰하며 치료한다.

히브리서를 쓴 하나님의 사람은 편지의 수신자들에게 애정을 가지고 부드럽게 말한다. 그의 이런 태도는 "사랑하는 자들아 우리가 이같이 말하나"(히 6:9)라는 말에서 잘 드러난다.

그는 하나님께서 그들을 잊지 않으시고, 그들의 수고를 기억하실 거라고 격려한다. 어쩌면 그들이 마땅히 기도해야 할 만큼 많이 기도하지는 못했더라도 전보다 더 기도하고 있었다. 어쩌면 최선을 다해 헌금하지는 못했더라도 전보다 더 헌금하고 있었다. 마땅히 이르러야 할 최선의 상태에 이르지는 못했어도 회심 전과는 확실히 달라졌다. 신앙의 길을 가다가 조금 뒷걸음질 쳐 넘어졌을지는 몰라도, 그 옛날 아담의 공동묘지에 누워 있었을 때와는 전혀 달랐다. 하나님은 그 묘지에서 그들을 이끌어내 아주 귀한 사람들로 만들어주셨다. 히브리서 기자는 바로 이런 이야기들을 마치 의사가 환자를 대하듯이 친절히 그의 수신자들에게 들려주었다.

내 신앙의 친구 성공회 신자들이 사용하는 멋진 말이 있다. 그것은 '목사보'(curate)인데, 나는 이 단어의 어원에 매료되었다. 그 어원은 '치료자, 즉 사람들을 고쳐주는 사람'이다. 우리는 영혼의 치료자이다. 우리가 전하는 복음과 기도와 사랑으로 영혼을 고치는 의사이다. 마치 의사처럼 사람들을 돌보며 아픈 데를 고쳐준다.

하나님이 하시는 일은 늘 그렇다. 그분이 당신을 치실지라도 그것은 당신을 고치시기 위함이다. 당신을 꾸짖으신다면 그것은 당신을 가르치시기 위함이다. 당신을 징계하신다면 당신을 거룩하게 하여 '그분의 거룩함'에 참여하는 자가 되도록 하시기 위함이다. 그분의 뜻은 "우리가 간절히 원하는 것은 너희 각 사람이 동일한 부지런함을 나타내어 끝까지 소망의 풍성함에 이르러"(히 6:11)라는 말씀에서 잘 표현된다.

세 부류의 신앙인

신앙인들은 세 부류로 나뉘는 것 같다. 모든 신앙인이 첫 번째 부류에 속해야 하지만, 현실은 그렇지 못하다. 하늘의 놀라운 선물을 풍성히 받아 누리는 사람들은 소수이다. 이런 사람들은 하나님의 말씀을 읽고 기도하고 순종하고 믿음으로 그분의 일을 더욱 많이 알아가기에 하늘의 선물을 풍성히 누린다. 하지만 이런 사람들보다 더 많은 이들이 영적 부스러기에 만족하고 만다.

언젠가 나는 D. L. 무디가 어떤 개에 대해 들려준 이야기를 읽었다. 그 개를 키우는 주인은 날마다 식사 후에 남은 음식과 빵 부스러기를 개에게 먹였다. 다른 것은 주지 않았다. 그 가족이 식사할 동안 개는 바닥에 앉아 인내심을 갖고 기다렸지만, 눈빛은 슬퍼 보였다. 식사가 끝난 후 식구들이 먹고 남은 음식을 쌓아놓으면 그 개는 그걸 가지고 주방으로 가서 먹었다. 그들이 식사하는 동안 개는 참을성 있게 기다렸다. 그런데 어느 날 손님들이 그 집에 방문했고, 주인은 그 개가 부스러기를 먹는 것에 대해 이야기를 나누었다. 손님 중 한 사람이 개에게 스테이크를 주는 실험을 해보자고 제안했고, 그들은 평소에 주던 것과 먹음직스럽게 잘 익은 스테이크도 접시에 담았다.

한 손님이 "장담하건대 저 녀석은 스테이크를 먹지 않을 것입니다"라고 말했다. 그러나 개 주인은 "나는 생각이 다른데요. 틀림없이 먹을 겁니다. 평소에 남은 음식만 먹었으니 아마 스테이크에 환장할 거예요"라고 말했다.

지글지글 소리 나는 스테이크가 담긴 접시가 개 앞에 놓였고, 개는 그걸 보고 "이게 뭐죠?"라고 묻듯이 멀뚱멀뚱 주인의 눈을 빤히 바라보았다. 그리고 뒤로 돌아 조금 떨어진 곳으로 가서 앉았다. 그때까지 남은 음식만 먹고 산 개는 스테이크라는 음식이 있다는 것을 믿지 못하는 지경까지 이른 것이다!

이런 일이 신앙에서도 일어날 수 있다고 나는 믿는다. 영적으로 우리가 부스러기에 만족하고 마는 일이 일어날 수 있다. 하나님은 우리가 먹을 수 있는 능력에 따라 우리를 먹이신다.

그러므로 우리가 부스러기 음식에 익숙해져서 그런 걸 먹고 살았다면, 그런 입맛에만 길들었다면 우리에게는 그런 것이 주어질 뿐이다.

이렇게 영적 부스러기에 만족하고 마는 사람들이 두 번째 부류의 사람들이다. 그들이 주님의 사람인 것은 맞지만, 하늘의 놀라운 은사를 체험하지 못했고, 지금도 그것을 구하지 않는다.

그렇다면 세 번째 부류에 속하는 사람들은 어떤 이들인가? 하나님의 진리에 대해 희미한 지식을 가졌고, 실체 대신 그림자를 붙들고 있는 이들이다. 교회에 이런 사람들이 여전히 많다. 그들에게 있는 것은 '보장된 미래의 복'이 아니라 '근거 없는 희망'뿐이다.

히브리서에서 사도는 그의 형제들 모두가 첫 번째 부류에 속하기를 바란다. 만일 우리가 아주 훌륭한 그리스도인, 아주 훌륭하지는 못한 그리스도인, 한심한 그리스도인 중 어디에 속하는지 스스로 판단하는 것으로 끝난다면 사도는 기뻐하지 않을 것이다. 그는 우리 모두 놀랍게 풍성한 하늘의 은사를 찾는 첫 번째 부류의 그리스도인이 되기를 바란다.

당신이 출석하는 교회의 교인 중 그리스도의 놀라운 풍성함을 체험하지 못하는 사람이 단 1퍼센트라고 가정해보자. 그러면 나머지 99퍼센트는 그것을 체험하는 것이며, 이것은 아주 대단한 일이다. 100명의 교인 중 99명이 성령충만한 그리스도인이라는 통계가 나온다면, 그야말로 환상적인 통계가 아닐까. 그렇지 못한 사람이 단 한 명밖에 되지 않기 때문이다. 그러나 그 한 명에게는 매우 불행한 일이 아닐 수 없다.

비행기 사고가 났는데 단 한 명만 목숨을 잃을 수 있다. 만일 그 비행기에 70명이 타고 있었다면 언론은 "다행히 사망자가 한 명이었다"라고 보도할 것이다. 그런데 그 한 명이 당신의 남편이라면 그것은 환상적 통계가 아니라 개인적 비극이 된다. 12명이 탄 보트가 침몰했는데, 한 명 빼고 모두 물가로 나왔다면 어떨까. 그러나 그 한 명이 낚시 여행을 간 당신의 십대 아들이라면? 우선 구조대가 그 아이를 찾기 위해 호수 바닥을 훑을 것이다. 그러나 며칠간의 수색 끝에 아이의 시체가 갈고리에 걸려 올라온다면 그것은 개인적 비극이 된다.

교회에 신령한 사람들이 아주 많다는 통계가 있다고 해도 그렇지 못한 한 사람이 있다면 그것은 그 사람에게 비극이다. 그리고 만일 그 한 사람이 바로 당신이라면? 그 경우 당신은 세익스피어의 어느 비극보다 더 큰 비극의 주인공이 되고 만다.

어떤 보물을 찾는가?

성경은 우리에게 영적 보물을 똑바로 보라고 권면한다. "우리가 간절히 원하는 것은 너희 각 사람이 동일한 부지런함을 나타내어 끝까지 소망의 풍성함에 이르러 게으르지 아니하고 믿음과 오래 참음으로 말미암아 약속들을 기업으로 받는 자들을 본받는 자 되게 하려는 것이니라"(히 6:11,12). 최고의 그리스도인들을 본받으려면 게으르지 말고 부지런해야 한다.

지금 내 머리에 떠오르는 것은 '보물 사냥꾼'이다. 내가 볼 때 언론은 한 해도 거르지 않고 새 보물을 발견했다고 보도하는 것 같다. 근해에서 배가 침몰했다는 보도가 나오면 사람들은 레이더와 전자 장비를 가지고 배의 위치를 추적하러 간다. 심해 잠수부들은 무언가 발견하겠다는 희망을 품고 물속으로 뛰어든다. 탐험가들은 보물을 발견하기 위해 집을 떠나 갖은 고생을 하며 수고한다. 심지어 목숨을 잃기도 한다. 모험가들은 바다의 바닥까지 잠수해 들어가고, 시굴자(試掘者)들은 평생 땅속에서 작업을 한다.

미국 남서부에 가면 '사막의 쥐'라고 불리는 나이 든 사람들을 보게 될 것이다. 그들은 평생 사막에 살면서 사금을 채취해온 사람들이다. 금을 채취하는 것 외에 다른 것은 생각하지 않는, 금에 완전히 빠진 사람들이다. 아마 그들은 간신히 끼니를 해결하고 몸을 가릴 정도로 돈을 벌겠지만, 면도하거나 머리를 깎거나 제대로 된 옷을 갖춰 입을 만큼 돈을 벌지는 못할 것이다. 이 시굴자들은 그곳에 살면서 평생 금을 찾지만, 제대로 된 생활을 할 만큼의 금을 얻지는 못한다. 보물을 찾는 데 성공하는 소수의 모험가와 탐험가는 그나마 운이 좋은 것이다. 그렇다면 그들이 찾아낸 보물은 어떤 것인가?

지옥에도 유머가 있는지 모르지만, 만일 있다면 이런 것이 아닐까 상상해본다. "하나님의 형상으로 만들어진 인간들이 평생 땅을 파서 얻은 금을 녹여 골드바로 만든 다음, 그것을 다시 땅속에 숨겨두었다니 정말 웃기지 않소?"라고 말하며 껄껄대는 악마적 웃음이 끝없이 울려 퍼지지 않을까? 하나님의 형상으로 빚어져 높은 하늘의 것을 추구하도록 만들어진 인간이 이런 어리석은 짓을 한다면 큰 비극이다. 우리는 많은 것을 포기하고 큰 희생을 치르며 땅을 파서 얻은 것을 다시 땅에 묻어버린다. 이런 일이 포트 녹스(fort knox, 미국의 금 보유고)에서도 일어난다. 거기에서는 누군가 과거에 땅을 파서 얻어낸 것을 몽땅 다시 땅에 묻어버린다.

사람들은 모든 것을 희생하며 부지런히 땅의 보물을 찾지만, 성령께서는 히브리서 기자를 통해 "우리가 간절히 원하는 것은 너희 각 사람이 동일한 부지런함을 나타내어 끝까지 소망의 풍성함에 이르러 게으르지 아니하고 믿음과 오래 참음으로 말미암아 약속들을 기업으로 받는 자들을 본받는 자 되게 하려는 것이니라"(히 6:11,12)라는 말씀을 들려주신다.

우리는 무엇을 찾는가? 에베소서를 읽어보자.

"찬송하리로다 하나님 곧 우리 주 예수 그리스도의 아버지께서 그리스도 안에서 하늘에 속한 모든 신령한 복을 우리에게 주시되"(엡 1:3).

"우리 주 예수 그리스도의 하나님, 영광의 아버지께서 지혜와 계시의 영을 너희에게 주사 하나님을 알게 하시고 너희 마음의 눈을 밝히사 그의 부르심의 소망이 무엇이며 성도 안에서 그 기업의 영광의 풍성함이 무엇이며 그의 힘의 위력으로 역사하심을 따라 믿는 우리에게 베푸신 능력의 지극히 크심이 어떠한 것을 너희로 알게 하시기를 구하노라"(엡 1:17-19).

이 말씀이 말하는 바는 매우 중요하다. 비록 당신이 '교회의 쥐'만큼 가난하다 할지라도, 비록 당신이 수용소나 감옥에서 생을 마감한다 해도, 사람들이 당신의 처참한 시체를 끌어다 절벽 아래로 던져 독수리의 먹이가 되게 할지라도 당신은 탐험

가나 모험가나 시굴자나 투자의 귀재가 당신을 부요하게 만들어줄 수 있는 것보다 훨씬 더 부요하다.

우리는 어떤 보물을 찾는가? 죄 사함, 마음의 자유, 결국에는 영광의 본향에서 누리게 될 끝없는 생명과 불멸 아니겠는가? 더욱이 우리는 이런 것들이 어디에 있는지 안다. 그것을 찾기 위해 시굴하러 갈 필요도 없다.

나는 '모험'이라는 말이 신앙에 사용되는 것을 좋아하지 않는다. 때때로 사람들은 시적 감정에 젖어 '신앙의 모험'이나 '하나님을 알아가는 모험' 같은 표현을 사용한다. 그러나 이런 표현은 곤란하다. 모험은 내가 무엇을 추구하는지, 무엇을 발견하게 될지, 그것을 결국 발견하게 될지 아니면 실패할지 어디서 그것을 발견하게 될지 모른 채 큰 위험을 감수하고 가는 것이다. 나는 결국 아무것도 발견하지 못할 수도 있고, 심지어 모험 중에 목숨을 잃을 수도 있다. 내가 죽으면 아마 대머리수리가 사막에서 내 뼈를 쫄 것이다. 그리고 남는 거라곤 내 옷에서 떨어져 나온 단추, 독수리가 먹을 수 없는 가죽 약간, 내 신발이 전부일 것이다. 혹시 죽지 않고 살아서 약간의 보물을 얻는다고 해도, 돌아오는 길에 강도들에게 붙잡혀 살해되면 그들이 내 보물을 취하고 내 뼈를 어딘가에 방치할 것이다. 그런 것이 모험이다. 험한 곳으로 가서 고생을 사서 하고 즐거움과 설렘을 맛보고 때로는 약간의 보상을 얻는 것이 모험이다.

그러나 신앙을 모험이라고 생각하지 말라. 그리스도를 따르는 길에는 불확실성이 없다. 그분은 승리자이시다. 그분은 이기셨다. 그분의 싸움은 패배나 실패의 가능성이 조금도 없다. 나는 내가 어디로 가는지를 안다. 농부들이 물을 찾을 때 사용하는 도구를 가지고 나가서 이곳저곳을 조사할 필요가 없다. 금속을 찾는 사람처럼 금속 탐지기를 가지고 나갈 필요가 없다.

그렇다! 나는 내가 어디로 가는지 안다. 두리번거리며 방향을 찾으려고 할 필요가 없다. 내 목적지가 어디인지 안다. 그리스도께서 나에게 지혜와 의로움과 거룩함과 속량이 되셨다는 것을 안다. 지금 내게 필요한 모든 것, 그리고 장차 도래할 복의 영원 속에서 내게 필요한 모든 것을 하나님께서 그분의 아들 예수 그리스도 안에 담으셨다는 것을 안다. 그렇다! 나는 분명히 안다. 그분이 어디에 계시는지를 안다.

그리스도께서 육신이 되어 우리 가운데 거하신 영원한 하나님이심을 우리는 안다. 시간과 공간, 사랑과 생명, 소망과 평안, 부요와 복, 그리고 인간의 영혼이 필요로 하거나 갈망하는 모든 것이 예수 그리스도 안에서 발견된다는 것을 안다. 그런데 이 모든 것이 우리에게 없을 때도 있다고 착각하는 것이 우리의 문제이다. 분명히 말하지만, 그것은 우리에게서 나오지 않고 그리스도에게서 나온다.

부지런히 소망의 풍성함에 이르라

성령께서는 하나님의 사람을 통해 우리에게 "너희 각 사람이 동일한 부지런함을 나타내어 끝까지 소망의 풍성함에 이르러 게으르지 아니하고 믿음과 오래 참음으로 말미암아 약속들을 기업으로 받는 자들을 본받는 자 되게 하려는 것이니라"(히 6:11,12)라고 촉구하신다.

성령께서는 "게으름을 버리라"라고 말씀하신다. 발뒤꿈치를 이용해 거꾸로 매달려 평생을 보내는 반쯤 죽은 동물을 '나무늘보'(sloth)라고 한다. 그리고 우리는 '게으른'(slothful)이라는 단어를 사용한다. '게으른'이라는 단어에서 나무늘보가 나왔는지 아니면 누군가 나무늘보를 보고 '게으른'이라는 단어를 만들어냈는지는 모르겠다. 어느 것이 말이고, 어느 것이 마차인지 모르겠다. 그런데 당신은 '게으름'(slothfulness)이 무엇인지 알고 싶은가? 그렇다면 사실상 평생을 거꾸로 매달려 살면서도 '게으름'이 무엇인지 거의 모르는 저 불쌍한 동물을 보라.

히브리서는 우리에게 "게으르지 말라"라고 경고한다. '반쯤 활동을 멈춘 상태'에 매달려 있지 말고, 부지런히 열정을 품고 열심을 내고 조심하라고 말한다.

미국 시카고에 내가 아는 한 가족이 있었다. 그들은 무척 가난했지만, 그들 안의 무언가가 불타며 빛을 발했다. 그들은 그리스도인이었는데, 두 아들은 교육을 받고 싶어 했다. 물론, 돈은 없었다. 그 가족은 늙고 기운 없는 청각장애 아버지가 이런저런 일을 해서 번 돈으로 먹고살아야 했다. 하지만 그의 두 아들은 학업을 시작했다. 그중 한 아이는 수업을 들은 후에 아무것도 먹지 못하고 10분을 뛰어 다음 강의실로 가곤 했다. 이른 아침부터 저녁까지 핫도그 하나로(그나마 살 여유가 있을 때) 끼니를 때우는 날이 며칠씩 이어지기도 했다. 그들은 옷차림도 매우 수수했다. 그러나 두 아이는 공부를 포기하지 않았다. 밤늦게까지 공부하고 이른 아침에도 공부했다. 남들이 보통 누리는 사회적 교제는 꿈도 못 꾸었다. 그렇지만 교육을 받는 데 필요한 비용은 얼마든지 감당할 마음이 있었다.

결국 그들 중 한 아이는 어느 고등학교의 교장이 되었다.

다른 하나는 전쟁 중에 정부를 위해 고급 과학기밀을 처리해 주는 일을 했고, 그 후 오하이오대학의 교수가 되었다. 그들은 교육받을 때 시간을 허투루 쓰지 않고, 정말 열심히 공부했다. 요즘 젊은이들이 이 두 형제가 공부하는 데 쏟았던 인내와 노력의 절반만이라도 하나님을 아는 일에 쏟는다면, 하나님을 위해 그들의 세대를 이끌어가는 지도자 무리에 속하게 될 것이다.

작가들은 그들이 말하고 싶은 바를 책으로 내기 위해 엄청난 노력과 훈련을 거친다. 오랜 시간 책상에 앉아 있어야 하고, 힘든 원고 교정을 거쳐야 하고, 작업을 하다가 일어나 주위를 빙빙 돌며 '글의 흐름이 어디에서 끊겼지?' 하고 고민해야 한다. 누군가 읽어줄 정도로 가치 있는 책을 쓰려면 작가들은 해산의 고통을 겪어야 한다. 사실 작가뿐만 아니라 어떤 직업이든 마찬가지이다. 성공하려면 모든 것을 다 쏟아부어야 한다.

그런데 어떤 그리스도인들은 일어나 다른 그리스도인들 앞에서 "우리는 세상을 경멸합니다. 우리는 죄 사함을 받았고 영생이 있으므로 천국이 우리의 본향입니다. 장차 밝은 아침에 면류관을 쓸 것입니다"라고 열변을 토할 것이다. 그러나 그렇다고 해서 뒷짐 지고 게으름을 피워도 된다는 말인가? 그렇게 말하는 사람들은 세상의 위대한 과학자, 열심히 배움의 길을 가는 학생, 혼신의 힘을 다해 글을 쓰는 작가를 보고 마땅히 부끄러워해야 한다. 심지어 야구장에 있는 야구선수들도 그들을 부끄럽게 한다.

내가 어떤 젊은이에게 "이보시오, 젊은이. 나는 당신이 지금 하나님을 섬기면 좋겠습니다"라고 말한다고 가정해보자. 그는 아마 "좋습니다. 나는 그리스도인이 되고 싶습니다. 지금 내가 무엇을 해야 합니까? 세례받고 교회에 다니면 됩니까?"라고 물을 것이다. 그러면 나는 다시 이렇게 말할 것이다. "그렇소. 바로 그것이오. 그런 다음에는 쿼터백(미식축구에서 공격을 주도하는 선수)이 시합에 투자하는 만큼의 열정을 '하나님 섬기기'에 투자하십시오. 그러다 지쳐 쓰러지면 다시 일어나 씩 웃고 계속 일하시오."

그리스도인이 되고 싶은 젊은이가 있다면 우리는 그에게 "술과 담배, 그와 비슷한 것들을 모두 끊고 절제된 생활을 하십시오"라고 권한다. 그러면 그는 어린아이처럼 징징거리며 "너무 많은 것을 요구하네요"라고 말할 것이고, 사람들은 우리에게 "그런 식으로 설교하면 모두 다 도망가버릴 것입니다"라고 조언할 것이다. 그러나 복싱 선수들은 술 담배를 하지 않고, 밤중에 쏘다니지 않고 빈둥거리지 않고 부지런히 훈련한다. 무엇을 위해? 링 위에 올라 이길 수도, 질 수도 있는 시합을 할 기회를 얻는 영광을 위해 그렇게 한다! 어차피 그들은 상대를 때려눕혀 의식을 잃게 하거나 자신이 얻어맞아 쓰러져 의식을 잃을 것이고, 그 광경을 보고 몇몇 구경꾼들이 담배를 피우던 손으로 손뼉을 치며 소리 지를 것이다. 바로 그것을 위해 선수들은 혹독한 훈련을 참아낸다!

그러나 우리가 젊은 그리스도인들에게 "경건 생활을 위해 시간과 노력을 투자하십시오"라고 권하면 그들은 둥지에서 떨어진 암탉처럼 꼬꼬댁거리고 깃털을 날리며 달아나면서 "아, 그렇게 하면 젊은이들을 쫓아버리게 됩니다"라고 말한다. 그러나 나는 이들과 생각이 다르다. 구원받을 만한 젊은이라면 신앙을 위해 시간과 노력을 투자할 준비가 되어 있을 것이다.

그러므로 히브리서 기자는 부지런함을 나타내고 모든 것을 쏟아부어 끝까지 그리스도 안에 있는 소망의 풍성함에 이르고 약속의 성취를 기업으로 받으라고 가르친다. 그의 가르침대로 부지런하면 약속의 성취를 기업으로 받기를 갈망하는 강한 믿음이 생길 것이다.

내 영혼아, 일어나 두려움을 떨쳐버리고

복음의 갑옷을 입고

끝없는 기쁨의 문까지 행진하라

그곳은 네 대장 구주께서 계신 곳이라

지옥과 네 죄들이 길을 가로막겠지만

그것들은 이미 완파된 원수들이네

예수님은 그것들을 십자가에 못 박으셨고

부활 후 승리의 노래를 부르셨네

비록 어둠의 왕자가 미쳐 날뛰고

악의의 분노를 헛되이 쏟아내지만,

영원한 사슬이 그를 묶어

저 깊은 불구덩이와 끝없는 밤에 가두리라

비록 마음속 정욕들이 저항하지만

갈등은 생명을 위한 분투의 헐떡임이라

승리의 은혜의 무기들이

네 죄를 죽이고 갈등을 끝내리라

그러므로 담대히 전진하며

하늘 문을 향해 달려가라

영원한 평안과 기쁨이 왕 노릇 할 그곳에서

빛나는 옷이 승리자를 기다린다네

거기서 너는 전능자의 은혜로 인하여

별처럼 빛나는 면류관을 쓰고 승리를 기뻐할 것이며,

저 높은 하늘의 모든 군대도 너와 함께

네 영광스러운 대장을 찬양하리라

_아이작 왓츠

〈내 영혼아, 일어나 두려움을 떨쳐버려라〉

chapter
08

믿음은
마음의 여행이다

믿음으로 모든 세계가 하나님의 말씀으로 지어진 줄을 우리가 아나니
보이는 것은 나타난 것으로 말미암아 된 것이 아니니라 _히 11:3

성경에는 믿음에 대한 어떤 종류의 정의도 발견되지 않는
다. 성경은 믿음에 대해 단지 "믿음은 바라는 것들의 실상이요
보이지 않는 것들의 증거니"(히 11:1)라고 말씀할 뿐이다. 그
런데 이 말은 믿음에 대한 정의가 아니다. "하나님은 사랑이시
라"(요일 4:16)라는 말씀이 하나님에 대한 정의나 사랑에 대한
정의가 아닌 것처럼 말이다. 성경이 어떤 것에 정의를 내리는

경우는 극히 드물다. 정의는 철학이나 이성과 깊은 관련이 있다. 반면 성경은 철학이나 이성에 관한 책이 아니라 마음을 향해 말하는 영적인 책이다.

성경에 도덕과 윤리가 있는 것은 분명하다. 윤리는 다르게 말하면 의와 관계된 것이고, 도덕은 선악과 관계된 것이다. 성경은 선악에 대해 이성적으로 논증하는 책이 아니라 무엇이 선이고 무엇이 악인지에 대해 권위 있게 말하는 책이다. 우리가 하나님의 말씀 앞에 나아갈 때 필요한 것은 윤리 교과서가 아니다. 그분은 만인에게 유효하고 구속력 있는 유일한 교과서를 써주셨다. 그러므로 사랑에 대한 정의나 의에 대한 정의는 성경에 나오지 않는다.

성경은 믿음을 정의하지 않고 다만 실례(實例)를 들어 믿음이 무엇인지 보여준다. 그러므로 나는 하나님께서 교회에 바라시는 것을 다음과 같이 정리해서 말하고 싶다. 설교자가 사랑의 정의를 내려주어야 하는 것이 아니라 교인들이 사랑을 행함으로써 보여주어야 한다. 설교단에서 믿음의 정의를 내려주는 것이 아니라 회중과 설교자가 믿음을 실천해야 한다. 그래서 "믿음은 바라는 것들의 실상이요"(히 11:1)라고 말하는 것이다.

믿음은 바라는 것들의 실상

해병대 입대를 앞둔 젊은이가 한 여인에게 결혼을 청하고, 약혼반지로 인을 친다. 이 반지는 장래를 약속하는 것이다. 그 여인은 반지를 끼고 다니며 주위 사람들에게 자랑한다. 결혼식 날짜가 정해졌고, 결혼 준비도 착착 진행된다.

그런데 어떤 사람이 갓 약혼한 여자에게 이렇게 말한다면 어떻게 될까? "나는 당신이 정말로 결혼할 거라고 믿지 않습니다. 내가 볼 때 당신의 남자친구는 당신에게 거짓말을 한 것입니다. 그는 당신과 결혼할 생각이 없고, 지금 여기에 있는 것도 아닙니다."

그러나 여인은 이 말에 조금도 겁먹지 않을 것이다. 왜냐하면 약속의 증표인 반지가 있기 때문이다. 그녀는 그렇게 말하는 사람을 쳐다보며 "여기 내 약혼반지가 있습니다. 이 반지는 내가 결혼하게 될 거라는 증표입니다"라고 말할 것이다. 그녀의 모든 희망의 근거는 약혼반지이다. 그 반지를 볼 때마다 장차 일어날 특별한 사건을 기억하게 된다.

누군가 "하지만 어쨌거나 당신은 지금 결혼한 것이 아닙니다"라고 말한다면 그녀는 "아, 나는 몇 월 며칠에 결혼할 것입니다"라고 대답할 것이다.

약혼반지는 그녀의 미래 남편의 약속을 그녀에게 상기시키며, 그녀의 결혼식 날이 다가올 것을 말해주는 유형의 증표이다. 물론 반지가 결혼식을 대신하는 것은 아니지만, 결혼식날을 가리키며 큰 확신을 주는 약속의 증표 역할을 한다. 반지는 앞으로 그녀에게 일어날 좋은 일의 증거이며, 그녀가 곧 결혼하게 되리라는 큰 확신을 심어준다.

"믿음은 바라는 것들의 실상이요 보이지 않는 것들의 증거니"(히 11:1)라는 말씀은 믿음을 정의하지 않고, 세부적으로 묘사하지도 않는다. 다만 믿음이 현실에서 어떻게 작동하는지 보여줄 뿐이다. 이 땅에서 우리는 믿음으로 살아야 한다.

선의의 무지

내가 볼 때, 하나님께서는 우리가 '선의의 무지(無知)' 속에서 살도록 강권하신다. 어떤 이들은 이런 얘기를 듣고 싶어 하지 않지만, 이것은 사실이다. 그리스도인으로서 우리는 '선의의 무지'라는 놀라운 상태에 살고 있다. 사실 무지에는 여러 종류가 있다.

배우는 것을 거부하는 사람의 무지가 있는데, 이 사람은 자신의 선입견이 무너질까 봐 두려워한다. 또 다른 무지는 잘 돌아다니지 않는 사람의 무지이다. 이 사람은 시골이나 산속에 틀어박혀 밖에 거의 나오지 않기 때문에 무지 속에서 살아간다. 그는 총명하지만 무지하다. '총명하지 못함'과 무지는 서로 다르다. 총명한 사람도 무지할 수 있다. '무지'라는 말이 좋은 표현은 아니지만, 그 뜻은 '알지 못하는 것'이다. 사람은 어떤 한 주제에 대해 무지할 수 있고, 여러 주제에 무지할 수 있다. 사람은 보통 몇 가지 방면에 무지하지만, 어떤 이들은 아주 많은 주제에 무지하다. 이것이 현실이다. 그런데 인간은 여러 방면에 무지하면서도 어느 방면에서는 매우 총명할 수 있다.

예를 들어보자. 나는 우주비행에 대해 아주 무지하다. 내가 아는 것이라고는 신문에서 읽거나 라디오에서 들은 것이 전부이다. 우주비행에 필요한 기계 중에서 어느 것 하나도 조작할 줄 모른다. 만일 내가 우주선을 조종해서 달에 가려고 한다면 달을 한참 지나쳤다가 어떤 산으로 추락하고 말 것이다. 내가 우주선을 몰 수 없는 것은 그것에 대해 무지하기 때문이다. 하지만 그렇다고 해서 내가 고개를 푹 숙인 채 "나는 총명하지 못한 사람입니다"라고 말하지는 않는다. 총명하지 못해서가 아니라 훈련을 받지 않아서 우주선을 조종하지 못하는 것이다. 나도 우주비행사만큼 훈련받는다면 그의 전성기만큼 우주선을 잘 몰 것이다. 그러므로 나는 우주선을 조종할 줄 모른다고 해서 바닥에 납작 엎드려 기어 다니지는 않을 것이다. 우주비행사는 할 줄 모르지만, 나는 할 줄 아는 것이 있다.

하나님은 우리를 '선의의 무지' 상태에 두신다. 이 말에는 "우리는 중요한 것을 모르고, 중요하지 않은 것을 잘 안다"라는 뜻이 담겨 있다. 정말 이상한 일이다. 우리는 중요한 것을 알지 못하며 또 알 수도 없다. 그 이유에 대해 성경은 "이는 아무 육체도 하나님 앞에서 자랑하지 못하게 하려 하심이라 … 자랑하는 자는 주 안에서 자랑하라"(고전 1:29,31)라고 말씀한다.

인간의 이성과 하나님 사이에는 언제나 충돌이 있었다. 인간의 이성은 하나님과 인간 사이에 끼어든다. 이성은 하나님을 밀어내고 그분의 자리를 차지하려고 발버둥 쳐왔다. 아담과 하와가 "너희가 그것을 먹는 날에는 너희 눈이 밝아져 하나님과 같이 되어"(창 3:5) 모든 것을 알게 된다는 사탄의 말에 속아 넘어간 그날, 아담의 인류는 타락했다. 그들은 사탄의 거짓말 때문에 타락한 것인데, 사탄의 미끼를 물었을 때 신처럼 되어 모든 것을 알게 된 것이 아니라 정말로 중요한 것을 전혀 알지 못하는 수준으로 떨어지고 말았다.

그 결과, 인간의 이성이 하나님을 깊이 인식하는 것을 방해하기까지 추락했다. 하나님은 인간이 인생의 한 가지 근원적 사실을 아는 것을 허락하지 않으셨다. 인생이 무엇인가? 나는 모른다. 아무도 모른다. 인생을 설명할 수 없는 이유는 우리가 인생을 모르기 때문이다. 인간은 아는 것을 설명할 수 있고, 이해하면 정의할 수 있다. 그러나 인생은 우리 이해력의 한계를 넘어서는 영광스러운 것 중 하나이다.

당신은 당신에게 의식(意識)이 있다는 것을 알지만, 그것이 무엇인지는 모른다. '의식'(consciousness)은 곧 '의식'(awareness)이다. 그렇다면 '의식'(awareness)은 무엇인가? '의식'(awareness)은 곧 의식(consciousness)이다. 여기서 알수 있듯이, 우리가 한 가지를 가지고 다른 한 가지를 정의하면 다시 출발점으로 돌아가고 만다. 제대로 정의하겠다고 다시 시도하더라도 결국은 원점이다. 왜냐하면 의식이 무엇인지 알지 못하기 때문이다. 당신이 무의식 상태라면 의식을 알지 못한다. 그런데 무의식에서 의식으로 돌아온다 해도 의식을 알지 못한다.

지금 나는 쓸데없는 농담을 하는 것이 아니라 사실을 말하는 것이다. 심리학자들은 우리 인간에게 있다고 추정되는 의식 상태에 대해 말한다. 만일 우리가 의식이 무엇인지 안다면 우리 모두의 삶이 나아질 것이다.

사랑도 마찬가지이다. 아무도 사랑이 무엇인지 모른다. 그것이 손에 잡히는 것인지 아닌지조차 모른다. 사랑을 설명하거나 정의하려고 하다가는 당혹감을 느낄 수밖에 없다. 우리가 정의할 수 없는 것을 즐기고 체험하는 자체가 불가사의한 일이기 때문이다. 당신도 잘 알겠지만, 이해하지 못하면서도 체험하는 것이 어린아이들의 행동이다. 어린아이들은 음식을 먹으면서 그 음식에 뭐가 들어 있는지도 모르고, 그 음식이 자기에게 좋은지 나쁜지도 모른다. 어린아이들은 삶의 다양한 부분을 체험하지만, 그중 어떤 것도 이해하지 못하고 단지 즐길 뿐이다.

내 아버지는 말이 육중한 몸을 뒤로 젖히거나 앞으로 기울이는 것을 볼 때 이렇게 말씀하셨다. "만일 말이 자기 힘이 얼마나 센지 알면 내 명령에 고분고분 따르지 않을 것이다." 말은 자기가 얼마나 힘이 센지 알지 못하고 그 힘을 사용한다. 아기가 우리를 기분 좋게 하는 이유 하나는 그가 알지 못하고 체험하기 때문이다. 그러므로 하나님께서는 우리의 연약한 추론을 보고 씩 웃으시며 우리에게 어린아이처럼 살라고 말씀하신다. 우리 주님께서 "너희가 돌이켜 어린아이들과 같이 되지 아니하면 결단코 천국에 들어가지 못하리라"(마 18:3)라고 말씀하셨으므로 우리는 어린아이처럼 살아야 한다.

아는 것이 많은 대학교수는 머리부터 들이밀고 천국에 들어가려고 애쓰지만 들어가지 못한다. 그러나 하나님이 다 아실 거라고 믿으며 체험하기를 원하는 소박한 사람은 그리스도의 교회에서 평생 행복한 시간을 보내고, 그 후에는 하나님의 보좌에서 영원히 복된 시간을 누릴 것이다.

하위 믿음

믿음으로 살고자 노력하는 신앙인을 비판하고 조롱하는 사람들, 믿음과 믿음의 다양한 적용을 단호히 거부하는 사람들, 이런 사람들도 사실은 '하위 믿음'(a sub-faith, 내가 만든 말이다)에 의지해 살아간다. 오늘날 사이비 사상가들은 "내가 종교를 비웃을 수밖에 없는 이유는 종교가 믿음을 요구하기 때문이다. 나는 믿음이라는 것을 믿지 않는다"라고 말한다. 그러나 그들의 일상을 들여다보면, 그들은 믿음 없이 단 하루도 살아갈 수 없다. 그들은 매일 아침에 일어나면 태양이 한 곳에 있을 거라고 믿는다. 자기가 먹는 음식에 아무 문제가 없다고 믿기 때문에 별걱정 없이 음식을 먹는다. 그들의 삶이 별문제 없으리라고 믿기 때문에 두려움 없이 하루하루를 살아간다. 이런 믿음이 내가 말한 '하위 믿음'인데, 하나님은 이것을 싫어하신다.

'하위 믿음'이 높은 수준의 믿음도 아니고 '구원을 주는 믿음'도 아니지만, 믿음의 한 종류이기는 하다. 사이비 사상가들이 인도(人道)를 걷는 것은 그 길이 무너지지 않으리라는 믿음이 있기 때문이다. 인도를 밟아도 갑자기 무너지지 않으리라고 예상하는 것은 일종의 믿음이다. 그러나 사이비 사상가들은 그들 삶의 이런 측면을 생각해보지 않는다. 왜냐하면 믿음을 거부하고 이성에 의지하기 때문이다.

그들은 "종교는 우리처럼 이성에 의존하지 않기 때문에 한물가서 못 쓰게 된 것이다"라고 주장한다. 그들의 신은 이성이다. 그런데 그들은 아침에 눈을 떠 몸을 흔들어 잠을 쫓아버렸을 때 비로소 이성에 의지해 살기 시작한다. 그전까지, 잠자고 있을 때는 믿음으로 살았다. 이 믿음은 구원을 주는 믿음이 아니라 일종의 '하위 믿음'이다. 우리는 성경의 믿음을 다른 모든 믿음과 구별해야 한다.

이성을 신으로 숭배하는 자들은 결국 무서운 속박에 갇혀 꼼짝 못 할 것이다. 이성으로는 도저히 이해할 수 없는 것들이 있다. 이성이 한계에 이를 때 믿음이 책임을 떠맡는다.

하나님나라에서 '이성(理性)이라는 신'은 종의 역할을 맡는다. 그 나라 안에도 이성의 역할이 분명히 있지만, 주인이 아니라 종이다. 기독교가 비이성적인 것은 아니지만, 그렇다고 해서 내 삶이 논리적 추론에 기대는 것은 아니다. 그리스도인이 된다는 것은 이성이 종으로 봉사하는 나라에 들어온 것을 의미한다. 그리스도인은 이성이 아니라 믿음으로 산다. 이성이 끝나는 경계선에서는 믿음이 책임을 떠안는다. 신앙인에게 믿음은 이성 자체로 도달할 수 없는 방대한 이해의 영역을 활짝 열어주는 인식 기관이다.

이성으로 알 수 없는 것을 나는 단지 믿음으로 알 수 있다. 히브리서 기자는 "믿음으로… 우리가 아나니"(히 11:3)라고 말한다. 이 말씀에서 우리는 믿음으로 살아가는 그리스도인의 삶의 신비를 엿볼 수 있다. 기독교 신앙은 나를 위해 인식 기관 역할을 해준다. 하나님께서 우리를 위해 예비하신 모든 것을 알 수 있다면 바로 믿음 때문이다. 분명히 말하지만, 존재하지 않는 허상을 붙드는 것이 믿음은 아니다. 믿는 바가 눈에 보이는 현실로 나타나기 때문에 더는 믿음이 필요 없는 때가 도래할 것이다.

믿음은 상상이 아니다

"믿음으로 모든 세계가 하나님의 말씀으로 지어진 줄을 우리가 아나니 보이는 것은 나타난 것으로 말미암아 된 것이 아니니라"(히 11:3)라고 말할 때 히브리서 기자는 분명히 '물질의 영원성'을 생각했을 것이다. '물질의 영원성'이 무엇인가? 이 사상을 주장하는 자들은 이렇게 말한다. "물질이 영원하다는 것은 물질이 존재하지 않았던 때가 없었다는 말이다. 우리 모두 존재했다. 우리 눈에 보이는 모든 것은 '시작이 없었던 물질'(언제나 있었던 물질)을 다시 배열하는 과정을 통해 생겨난 것들이다." 이런 '물질의 영원성' 사상은 눈에 보이는 세상 너머에 있는 눈에 보이지 않는 영원한 세상을 부정한다. 그러나 성령께서는 보이는 것이 보이지 않는 것에서 나왔다고 말씀하신다. 그렇다! 보이는 것은 보이지 않는 것에서 나왔다. 물질은 영적인 것에서 나왔고, 만유가 있기 전에 하나님이 계셨다.

믿음은 물질을 창조하지 않으며, 상상으로 물질을 만들어 내지 않는다. 믿음은 상상의 문제가 아니다. 최근에 약혼한 여자가 장래의 결혼을 상상으로 만들어내는 것이 아니다. 그녀가 낀 반지는 장래 일에 대한 증표이다. 그녀가 어떤 것을 강하게 믿음으로써 그것을 만들어내는 것은 불가능하다. 오늘날 어떤 이들은 우리를 격려하기 위해 "당신의 마음을 온전히 쏟아부으십시오. 무의식 속에 있는 당신을 투사하기만 하면 그대로 이루어질 것입니다"라고 말한다.

언젠가 나는 '무의식'에 관한 강의를 들은 적이 있다. 그 강사는 무의식은 의식 아래 있는 의식이며, 우리 삶 전체의 주인이라고 말했다. 의식이 아닌 무의식이 주인이라는 말이다. 그런데 아주 이상하게도, 무의식은 의식이 자기에게 말해주기를 기다리며 빈둥거리고 있다고 한다. 만일 의식이 무의식에게 "너는 오늘 종일 기분이 좋을 거야"라고 말하면 우리의 기분이 좋을 거라는 말이다.

이것은 에밀 쿠에(Emile Coue)의 철학이었다. 그는 프랑스의 심리학자이자 약사로서 낙관적 자기암시에 근거한 심리치료와 자기 개선의 방법을 도입했다. "날마다 나는 모든 면에서 점점 더 좋아지고 있다." 이것이 에밀 쿠에의 좌우명이었다. 심지어 끈으로 팔찌 같은 것을 만들고 이렇게 말했다. "끈 하나에 여러 개의 매듭을 만들라. 아침에 일어나면 그 끈을 잡고

한쪽 끝부터 다른 쪽 끝으로 더듬어 내려가라. 손가락에 매듭이 걸릴 때마다 '날마다 나는 모든 면에서 점점 더 좋아진다'라고 말하라."

참으로 희한한 이야기이다! 그런데 그는 어느 날부터 조용해지더니 사람들 눈에 띄지 않았다. 그는 날마다 더 좋아지지 않고 힘이 없어지더니 결국 자기암시를 시작하기 전보다 더 나빠지고 말았다. 적어도 육체적으로는 말이다. 무의식을 이용해보려는 사람들은 다음과 같이 말한다. "무의식이 빈둥대며 기다리고 있으니 의식이 무의식에게 말해주어야 합니다. 음식을 먹을 때 '위(胃)는 음식을 소화시키고, 혈액은 흐르고, 산(酸)들도 흘러라'라고 말하십시오"라고 위에게 말하면 우리의 무의식이 그 말을 전달한다는 것이다. 나는 평생 위에게 말한 적이 없지만, 언제나 내가 먹은 음식을 소화했다. 물론 음식을 소화하지 못할 정도로 몸이 안 좋거나 과식했을 때는 그렇지 못했지만 말이다.

나는 더 좋은 방법을 안다. 그것은 더 좋은 것에 마음을 계속 집중하면서 우리 자신을 잊어버리는 것이다. 사람이 자기 몸과 마음 상태에 너무 신경 쓰면 늪에 빠져 목까지 잠길 수 있다. 당신의 위에게 "먹고 소화하라"라고 말하지 말고, 하나님께 감사하고 당신이 해야 할 일을 하라. 그러면 그분이 다른 나머지를 맡아주실 것이다. 아담과 하와가 이 땅을 거닐던 때부터 지금까지 인류는 음식을 먹고 소화하는 일을 해왔다. 주님이 다시 오실 날이 늦어진다면 인류는 앞으로도 오랫동안 그렇게 할 것이다.

믿음의 눈으로 바라보라

믿음은 상상의 기관이 아니라 인식의 기관이다. 믿음의 눈이 있는 자는 진실로 존재하는 것을 볼 수 있다. 믿음은 상상으로 무엇을 만들어 투사한 후 그것을 보며 "저기에 무언가가 있다"라고 말하지 않는다. 믿음은 존재하지 않는 것을 만들어내는 속임수가 아니다. 믿음의 눈을 통해 우리는 실재하는 것들을 본다.

다가올 수천 년은 우리의 상상이 아니다. 믿음의 눈으로 우리는 다가올 천년왕국을 본다. 그리고 그것이 반드시 도래할 것임을 안다. 자기 안에 있는 천국의 개념을 투사하면서 "언젠가 나는 천국에 갈 것이다"라고 말하는 사람은 없다. 만일 천국이 내 유한한 상상에서 나온 것이라면 나는 그런 천국에 가고 싶지 않다. 나는 단지 상상에 지나지 않는 것을 추구하지 않는다. 예수님은 "내가 너희를 위하여 거처를 예비하러 가노니 가서 너희를 위하여 거처를 예비하면 내가 다시 와서 너희를 내게로 영접하여 나 있는 곳에 너희도 있게 하리라"(요 14:2,3)라고 말씀하셨다.

이렇게 말씀하신 후에 가서 그 말씀대로 행하셨다. 그분이 이 모든 것을 이루셨다는 것을 내가 어떻게 아는가? 바로 믿음으로 안다! 믿음은 이 모든 것이 사실임을 알 수 있게 해주는 도구이다. 나는 안다. 왜냐하면 주님이 그렇게 말씀하셨고, 지금껏 실패하지 않으셨기 때문이다.

우리 주님의 손은 하나님의 말씀을 통해 약속된 모든 것을 이미 이루셨거나 장차 이루실 것이다. 믿음은 하나님을 의지하는 것이고, 그분이 말씀하신 것을 우리를 위해 이미 이루셨다고 믿는 것이다.

우리는 상상의 세계에 살고 있지 않다. 나는 내 귀로 듣거나 내 눈으로 읽는 것을 다 믿지 않는다. 그중에는 도무지 믿기지 않는 일들도 있다. 언젠가 나는 유엔 사무총장 다그 함마르셸드(Dag Hammarskjold)의 연설을 라디오로 들었다. 그 연설은 훌륭했고, 유엔 사무총장의 입에서 나올 만한 내용이었다. 그러나 현실과는 꽤 거리가 있는 이야기였다. 우리는 존재하지 않는 것을 존재한다고 간주하고, 그 위에 사상누각을 세우는 경향이 있다. 우리는 모든 이들이 선한 의도를 가졌다고 믿기 때문에 "사람들을 믿어주면 우리에게 아무 문제가 없을 것이다"라고 말한다.

그러나 선한 의도가 없는 사람들도 있다. 오직 바보만이 공산주의 독재인 흐루시초프(Khrushchev)나 스탈린이나 히틀러에게 선한 의도가 있다고 믿을 것이다. 이 사람들의 의도는 우리를 정복해 노예로 삼는 것이었다. 오직 바보만이 누군가 피 묻은 칼을 들고 자기에게 달려드는데도 가만히 서서 "저 사람은 선한 의도를 가졌다"라고 말할 것이다. 그리고 이 말은 그가 이 세상에서 하는 마지막 말이 될 것이다. 분명히 말하지만, 선한 의도가 없는 사람들도 있다. 악인들과 미혹케 하는 자들은 점점 더 악해질 것이고, 그러다 결국 끝이 올 것이다.

요한계시록을 읽어보고 모든 이들의 의도가 선한지 판단해 보라. 물론 사람들의 머리를 어루만지거나 그들의 목을 긁어주면 사람들이 악하게 반응하지는 않을 것이다. 그러나 현실은 그렇게 단순하지 않다. 우리가 눈으로 보고 쉽게 이해할 수 있는 현실도 있지만, 그렇지 않은 현실도 있다. 눈으로 볼 수 없고 이해할 수도 없지만, 반드시 믿어야 하는 현실도 있다는 말이다! 나는 후자의 현실을 살기 원한다. 왜냐하면 많은 것들이 일시적으로는 존재하지만, 어느새 사라지고 말기 때문이다. 히틀러나 스탈린이나 레닌 같은 이들이 많이 나왔지만, 어느새 사라지지 않았는가? 그들도 일시적으로는 분명히 존재했지만 결국 사라졌다. 장차 그들처럼 사라질 것들이 많다.

'하나님이 계획하시고 지으실 터가 있는 성'(히 11:10)은 이 땅에서 시작하지 않았으며, 이 땅에서 끝나지도 않을 것이다. 이 영원한 성은 시간에 희생되지 않으며, 흘러가는 세월의 자녀도 아니다. 이것은 하나님의 마음에서 나왔다. 이 성에는 하나님께서 그분의 자녀들을 위해 만드신 거처가 있다. 우리는 이것을 믿음으로 안다!

믿음은 인식 기관이므로 우리는 공허한 상상 속에서 사는 자들이 아니다. 당신은 제멋대로 날뛰는 헛된 공상에 빠져 비현실적인 것들을 의지하며 당신의 구두끈으로 당신을 끌어올리려고 발버둥 치는 사람인가? 우리는 물질을 초월하는 곳에서 온 음성을 들은 사람들이다. 피조세계를 초월하는 곳에서 온 음성이자 그 세계를 존재하게 한 음성이다. 우리는 이 음성을 듣고 믿는데, 이 음성은 "물질은 영원하지 않다"라고 말씀한다. 영원한 존재는 오직 하나님 한 분이시다. 물질은 이 영원하신 분이 만드셨다. 보이는 것들은 보이지 않는 것들에 의해 만들어졌다. 영적인 것들이 물질적인 것을 만들었다. 그러므로 그리스도인들은 이 세상이 아니라 다른 세상을 위해 산다.

나는 이 세상의 성(城)이 아닌 다른 성을 본다. 아브라함도 이 다른 성을 보았으며, 그것을 본 후에는 이 세상 성이 아니라 장막에서 살았다. 어쩌면 어떤 사람이 그에게 "아브라함, 왜 당신은 성을 짓지 않습니까?"라고 물었을지도 모른다. 만일 그랬다면 아브라함은 이렇게 대답했을 것이다. "하늘의 성을 본 내가 이 세상의 성에 산다면 부끄러운 일일 것입니다. 나는 내 장막을 떠나지 않을 것입니다. 하나님이 계획하시고 지으실 터가 있는 성을 볼 때까지 내 오래된 장막에 거할 것입니다."

이것이 믿음이다. 우리는 믿음으로 구원받았고, 주님은 우리에게 "나를 믿고 따르라"라고 말씀하신다. 믿음은 발로 가는 여행이 아니라 마음으로 가는 여행이며, 이성의 행위가 아니라 의지의 행위이다. 그리스도를 따르는 것은 한 번 하고 마는 일이 아니라 계속 반복해야 하는 일이다. 우리가 회심했을 때 시작되었지만 끝나지 않고 세대에 걸쳐 끊임없이 이어져야 할 일이다.

믿음은 실상이요 확신이요 반석 같은 기초이다. 믿음은 보이지 않는 것들을 보이는 것들로 만들고, 없는 것들을 있는 것들로 만든다. 믿음은 보이지 않는 세계를 보이는 세계로 만들어주기 때문에 우리는 하나님께서 이루신 것을 믿음의 눈으로 볼 수 있다.

　　젖과 꿀이 흐르는 복된 예루살렘 금성아!

　　너를 깊이 묵상하니 가슴이 벅차 말도 못 하겠구나

　　나는 알 수 없도다. 오, 알 수 없도다, 어떤 기쁨이 기다리는지

　　어떤 찬란한 영광이, 어떤 비할 수 없는 복이 기다리는지

　　저 시온의 전당에 모두 서서 기뻐 노래 부르며

　　많은 천사와 순교자의 무리와 함께 밝게 빛나도다

　　왕께서 늘 그 안에 계시고 햇빛은 화창하며

　　복 받은 자들의 초장은 영광스러운 윤기로 반짝이도다

　　오, 즐겁고 복된 나라! 하나님께 택함 받은 자들의 본향!

　　오, 즐겁고 복된 나라! 사모하는 영혼들이 고대하는 곳!

　　성부와 성령과 함께 영원히 복되신 예수님이시여,

자비를 베풀어 우리를 그 아름다운 안식의 나라로 인도하소서!

_클루니의 버나드(Bernard of Cluny, 12세기 프랑스 수도사)

〈예루살렘 금성아!〉

믿음은
우리의 마음을 뒤흔든다

믿음으로 모세는 장성하여 바로의 공주의 아들이라 칭함받기를 거절하

고 … 믿음으로 애굽을 떠나 왕의 노함을 무서워하지 아니하고 곧 보이

지 아니하는 자를 보는 것같이 하여 참았으며 _히 11:24,27

이 말씀에서 우리는 믿음이 모세에게, 또 모세를 위해 무엇
을 했는지 보게 된다. 방금 말한 '믿음이 모세에게, 또 모세를
위해'라는 표현에서 '~에게'(to)와 '~를 위해'(for)라는 말에 밑
줄을 그어라. 왜냐하면 진정한 믿음이라면 우리를 위해 무언
가 할 뿐만 아니라 우리에게 무언가를 이루어주기 때문이다.

믿음은 수동적인 것이 아니라 옛 루터교 신자들이 말했듯이 '동요하게 하는 것'이다.

당신이 예수 그리스도를 믿고 평안에 이르기 전에 당신의 믿음은 동요할 수밖에 없다. 믿음은 구원을 주는 영광스러운 것이기도 하지만, 우리를 혼란케 한다.

실로 모세는 그의 이야기가 시작될 때 이스라엘 민족, 즉 아브라함의 언약의 자손이었다. 하지만 그는 약속의 땅 밖에 있었다. 그전에 하나님은 우리가 '거룩한 땅'이라고 부르는 곳을 아브라함에게 주셨다. 하나님께서 모세의 조상 아브라함에게 그 땅을 주겠다고 말씀하셨다면 모세가 그 땅에 있는 것이 마땅하겠지만, 모세는 그 땅 밖 애굽에 있었다. 더욱이 그의 민족과 단절되어 있었다. 그들은 그와 다른 곳에 있었는데, 이것은 보기에 좋지 않았다. 그는 바로의 궁전에 있었고, 그의 민족은 고센 땅 여러 곳에 흩어져 있었다. 그는 약속의 땅 밖에서 지내며 그들과 단절되었고, 복된 언약의 삶과 유리했다. 거짓 신들에 둘러싸여 이교도들 틈에서 살아가고 있었다.

모세의 영적 각성

나는 모세의 각성이 어떻게 시작되었는지 모른다. 아무튼 성경은 "믿음으로 모세는 장성하여"(히 11:24)라고 말씀한다. 정신적 또는 영적으로 장성했을 때 그는 이상하게 마음이 편하지 않았다. 겉으로 보기에는, 흔히 말하듯이 잘되어가고 있었다. 그는 바로 딸의 아들로 궁전의 온갖 호사를 누렸다. 내가 볼 때, 모세는 성장하면서 많은 왕과 통치자의 무릎 위에서 귀여움을 받았을 것이다. 당시 세계 최강국은 아니더라도 강대국이었던 애굽에서 왕족이 누릴 수 있는 모든 것이 그에게 주어졌다. 그는 아무 생각 없이 그것을 계속 누릴 수도 있었을 것이다. 애굽에서 나이 들고 살이 찌며 바로 딸의 아들로서 생을 마감할 수도 있었을 것이다. 그러나 장성했을 때 그는 영적으로 깨어났다.

모세의 영적 각성이 어떻게 시작되었는지 성경이 말해주지는 않지만, 그의 각성은 그 자신도 의식하지 못하는 상태에서 시작되었다. 그 후 그것은 점점 커지고 깊어졌으며, 결국 그는 스스로 "이교도 황제의 궁전에서 호의호식하고 있다니 나는 어떻게 된 것인가? 나는 유대인이 아닌가?"라고 자꾸 말하게 되었다. 그가 유대인이라는 것을 누가 말해주었는지는 모른다. 어쩌면 그가 말귀를 알아들을 만큼 컸을 때 그의 생모가 슬쩍 얘기해주었을지도 모른다. 누가 그 얘기를 해주었을까 굳이 추측하지 않아도 문제 될 것은 없지만, 아무튼 그는 자기가 마땅히 있어야 할 곳에 있지 않다는 사실을 자각했다.

모세의 자각은 그에게 큰 각성을 일으켰다. 무엇인지 잘 모르겠지만 분명히 실재하는 굶주림이 그에게 찾아왔다. 영적 각성이 누구에게 찾아오든 간에 그것은 정말로 위대한 것이다.

바닷가의 모래알처럼 많은 사람을 생각해보라. 그들은 가고, 오고, 집 짓고, 심고, 추수하고, 씨 뿌리고, 결혼하고, 자녀의 혼사를 치르고, 여행하고, 일하고, 잠자고, 놀고, 먹고, 웃는다. 다른 모든 사람이 하는 것을 한다. 그러나 내적 음성을 통한 각성의 체험은 없다. 그들은 하나님께서 창조하신 그대로이고, 아담의 피를 이어받은 그대로이고, 전과 달라진 것 없이 그대로이다. 굳이 다른 점을 찾자면, 약간의 교육으로 포장하여 겉모습을 꾸몄다는 것뿐이다. 하지만 영적 각성은 없다.

그러나 모세에게는 분명한 영적 각성이 있었다. 그는 자신이 누구인지 깨달았다. 그 깨달음이 있기 전에는 모든 것을 있는 그대로 받아들였다. 모든 것이 정상으로 보였기 때문에 문제를 제기하지 않았다. 그러다 자신이 어떤 존재가 될 수 있는지, 어떤 존재가 아닌지, 어떤 존재가 되면 안 되는지 갑자기 깨달았다. 세상의 가식과 겉껍질의 허망함을 모세처럼 꿰뚫어 보는 날이 누구에게라도 찾아온다면, 그날은 그 사람의 인생에서 가장 성스러운 날이 될 것이다.

세상에는 신용 사기(다른 사람의 믿음을 이용해 사기 치는 것)가 횡행하고 있다. 악인들은 바가지를 씌우고, 겉모양을 바꿔 속이고, 부정행위를 하고, 결국은 다른 사람들을 파멸시킨다. 하지만 대부분 이런 것을 알지 못하고 마치 도살자에게 끌려가는 어린양처럼 순진하게 당하고 만다. 그런데 소수의 사람은 장성하면 하나님의 은혜를 통해 깨달음을 얻고 자신의 죄에 역겨움을 느낀다. 많은 이들이 이렇게 도덕적으로 거슬리는 과정을 통해 구원받는다.

자기가 죄를 범했다는 것을 깨닫고 자기 죄를 역겨워하는 사람을 예로 들어보자. 이 사람이 회심하면 그동안 넘지 못한 경계선을 한번에 훌쩍 뛰어넘는다. 바로 이런 일이 모세에게 일어났다. 모세는 자신이 역겨워져서 이렇게 말했을 것이다. "나는 세계적인 나라에서 기름진 것을 먹고 호강하며 살고 있다. 유대인이면서 애굽인인 척하며 가식적인 삶을 이어가고 있다. 왕자도 아니면서 왕비의 아들인 것처럼 행동하려고 발버둥 치고 있다. 나는 아브라함의 허리에서 나온 유대인일 뿐이다. 모든 게 다 잘못되었고 엉망이다."

감사하게도 그는 장성했다. 내가 볼 때 그는 세상이 싫어졌고 애굽이 싫어졌다. 싸구려 유머를 날리고 텅 빈 속을 가식으로 포장하며, 거짓 약속을 남발하는 궁전 생활에 염증을 느끼면서 "여기 바로의 궁전보다는 내 조상 아브라함의 하나님께 더 큰 소망이 있다"라고 말했을 것이다. 더는 미룰 수 없었다. 드디어 결정적 날이 찾아왔고, 그는 그날을 달력에 표시해두면서 "오늘 나는 거짓된 삶을 끝낸다. 대단한 존재인 척하는 가식적 삶을 끝낸다. 오늘 바로의 궁전과 작별한다"라고 말했을 것이다.

모세의 어머니로 생각되는 사람은 바로의 딸이었다. 그가 알았던 유일한 엄마를 떠나기란 쉽지 않았을 것이다. 친구들을 떠나는 일도 쉽지 않았을 것이다. 사실 모세는 연로한 바로와 그 백성에게 큰 빚을 지고 있었다. 이 모든 것을 생각하면 그들을 떠나는 것은 무척 힘든 일이었다. 그러나 '주위 사람을 버리고 떠날 것인가 아니면 죽을 것인가?' 하는 선택의 기로에 설 때가 있다. 모세는 바로 딸의 아들이라 불리는 것을 거부하는 쪽을 택했다. 그때까지 얽히고설킨 세상 인연에 사로잡혀 옴짝달싹 못 하던 그가 거기에서 빠져나오는 유일한 방법은 마음을 굳게 먹고 그것들에 저항하는 것이었다. 저항과 굴복의 과정을 거친 사람들만이 천국에 갈 수 있다. 자기 죄에 저항하고 세상과 마귀와 육신에 저항하는 사람들이 있다. 모세는 바로의 궁전에 저항했고, 죄가 주는 온갖 즐거움에 저항했다. 그런데 하나님께 저항하는 사람들도 있다. 하지만 그들이 하나님 앞에 나아가면 그분께 굴복하게 되고 저항은 끝난다. 그러면 하나님께 저항하는 대신 그분의 원수와 죄와 세상과 육신에 저항하게 된다.

무엇을 택할 것인가?

나는 어떤 사람이 쉽게 기독교로 개종하는 것을 볼 때 마음이 마냥 기쁘지만은 않다. 쉽게 개종한 사람은 또 쉽게 믿음을 버릴 수 있기 때문이다. 하지만 구원을 끈질기게 거부하다가 개종한 사람은 평생 믿음을 유지하는 경향이 있다. 사도 바울은 믿음을 완강히 거부했지만, 믿음을 가진 후에는 한 번도 뒤돌아보지 않고 앞만 보고 달렸다.

바로의 손자로 살던 모세는 갑자기 회심했고, "나는 더는 마귀의 노예가 아니다. 죄의 희생자가 아니다. 세상이 나를 희생자로 삼게 두지 않을 것이다. 더는 세상에 절하지 않을 것이다. 그러므로 내 어머니와 작별할 것이다"라고 말했을 것이다. 만일 바로의 딸이 그때까지 살아 있었다면(실제로 그랬을 가능성이 있다) 그는 그녀에게 작별 인사를 해야 했다. 그랬다면 그녀는 틀림없이 그를 이해하지 못했을 것이다. 아마도 울면서 "너를 위해 할 수 있는 것은 다 해주지 않았느냐? 너는 가장 고운 비단옷을 입고 살지 않았느냐? 네게 가장 좋은 것들을 해주지 않았느냐?"라고 말했을 것이다.

모세는 "어머니, 제가 감사를 모르는 사람이라고 생각하지 않으시면 좋겠습니다. 저에게는 다른 피가 흐르고 있습니다. 저는 애굽 사람이 아닙니다. 저는 제 조상 아브라함과의 언약에서 제 몫을 얻고 싶습니다. 만일 어머니 곁에 계속 있으면 제 몫을 포기해야 할 것입니다. 저는 포기하고 싶지 않습니다"라고 말했을 것이다. 그리고 그의 노쇠한 어머니를 부둥켜안고 입 맞추고 작별한 후에 걸어 나와 다시는 돌아가지 않았을 것이다. 하나님께서 오랜 후에 모세에게 이스라엘 백성을 구원하는 사명을 주셔서 애굽으로 다시 보내실 때까지 말이다.

하나님께서 모세를 다시 애굽에 보내셨을 때 모세는 어떻게 해야 할지 알았다. 어느 문으로 들어가야 할지 알았고, 바로를 어디에서 만나야 할지 알았고, 그 밖의 모든 것을 알았다.

왜냐하면 어릴 때 애굽의 궁전에서 성장했기 때문이다. 하나님은 "내 백성을 보내라"라는 메시지를 바로에게 정확히 전달할 수 있는 적임자를 선택하신 거였다. 그곳에서 성장기를 보낸 사람이 그 일을 하기에 최고의 적임자였다. 그곳 사람들은 그를 보자마자 알아보고 "그 젊은이가 다시 나타났다. 그때보다 나이 들었지만, 그가 다시 왔다"라고 말했을 것이다. 모세는 바로의 궁전을 잘 알았다. 그런데 40년 전, 그의 어머니와 작별할 때 이미 그는 선택했다. 선택은 신앙생활의 가장 중요한 요소 중 하나이다. 모세는 선택했고, 선택함으로써 승리했다. 거부했을 뿐 아니라 선택했다.

너무 부정적으로 생각하지 말자. 분명히 포기가 필요하고, 거부는 부정적인 일이다. 하지만 당신이 포기하는 것 때문에 구원받는 것이 아니라 받아들이는 것에 따라 구원받는다는 것을 기억하라. 모세는 단순히 포기한 것이 아니라 받아들였다. 즉, 선택했다. 여호와 하나님을 선택했고, 아브라함처럼 그리스도의 날을 고대했다. 언약을 선택했고, 속량을 선택했고, 언약의 백성과 함께하기로 선택했다. 그러기 위해 어떤 대가라도 치르기를 선택했고, 잠시 죄악의 낙을 누리는 것보다 하나님의 자녀와 함께 고난받는 것을 선택했다.

죄악의 낙 대신 택한 고난

히브리서 11장 25절에 사용된 '죄악의 낙'이라는 표현에 주목해보자. 우리는 죄를 아주 부담스러운 것으로 여기는 경향이 있지만, 종종 죄는 즐거움을 주기도 한다. 그래서 죄는 매우 위험하다. 그런데 모세는 죄의 즐거움 대신 하나님나라의 즐거움을 선택했다. 죄의 낙을 누리는 것보다는 그분의 나라를 위해 고난받는 것을 택했다. 그리스도의 보화(그리스도를 위하여 받는 수모)를 애굽의 모든 보화보다 더 큰 재물로 여겼다(히 11:26). 하나님은 그에게 "모세야, 네가 애굽에 계속 머문다면 이 땅의 재물로 부요를 누리겠지만, 나를 따른다면 수모를 당하게 될 것이다. 어느 쪽을 택하겠느냐? 나와 함께 수모를 당하겠느냐 아니면 바로와 함께 세상 부귀를 누리겠느냐?"라고 물으셨다.

모세는 "오, 하나님! 아브라함의 자손으로서 저는 하나님의 백성과 함께 수모를 당하는 편을 선택합니다"라고 말씀드렸다. 그리하여 하나님의 백성과 연합하여 그들과 자신을 동일시했고, 죄의 낙을 거부했고, 바로의 노함을 무서워하지 않고 애굽을 떠났다. "믿음으로 애굽을 떠나 왕의 노함을 무서워하지 아니하고"(히 11:27)라는 짧은 표현에 근거하여 추측해보건대, 바로는 그가 떠났다는 말을 듣고 그를 찾으려고 광분했을 것이다. 하지만 그를 다시 데려오려는 바로의 모든 시도는 실패로 돌아가고 말았다. 그 이유는 "그리스도를 위하여 받는 수모를 애굽의 모든 보화보다 더 큰 재물로 여겼으니"(히 11:26)라는 말씀에서 발견된다. 여기서 '여겼다'라는 말은 "가치관을 정립했다"라는 뜻이다.

우리는 올바른 가치관에 따라 우리의 일을 판단해야 한다. 어떤 일이 닥치면 "이것이 십자가를 질 만큼 내게 가치 있는 일인가? 이것을 위해 수고할 가치가 있는가?"라고 늘 물어야 한다.

시장에 물건을 사러 갔을 때 흔히 우리는 "저 물건은 별 게 아니라 가격이 비싸지 않아"라고 말하곤 한다. 하지만 어떤 물건이 고가라면 우리는 손에 잡히는 대로 무조건 구매하지 않고 곰곰이 생각해본다. 물건을 살 때 가치를 이리저리 따져 보면서 "이것을 살 능력이 있을까? 이걸 살 능력은 되는 것 같은데, 저걸 살 능력은 안 된다"라고 말하게 된다. 이렇게 우리는 세상 모든 일의 가치를 따져보게 된다. 하나님의 사람 모세도 그렇게 했다.

이런 상상을 해보자. 노예 몇 명이 노를 젓는 바지선이 나일강을 오르내리는데 모세가 그 위에 편안히 누워 있다. 노예

한 명이 그에게 오일을 발라주고 또 다른 노예는 파우더를 발라준다. 이런 것은 바로의 아들이 누릴 수 있는 대단한 호사이다. 사실 모세는 이런 호사를 실제로 누렸을 수도 있다. 나일강을 떠도는 배 위에서 이런 서비스를 받는 것이 싫증 나면 말을 타고 어딘가로 전력 질주했을 것이다. 그는 그야말로 플레이보이였을지도 모른다. 바로의 궁전에서 살고 싶어 하는 사람이라면, 그런 사람에게는 그 삶이 가치 있는 삶이었을 것이다.

그러나 모세는 그 삶이 자기가 진정으로 원하는 삶인지 스스로 확인해야 했다. 그는 하나님께 이렇게 말씀드렸다. "오, 하나님! 저는 음성을 들었습니다. 그것은 당신의 음성입니다. 아브라함의 언약의 음성이며, 이삭과 야곱의 음성이며, 제 백성의 음성입니다. 저는 유대인입니다. 저는 권리를 주장할 수 있는 언약을 물려받았지만, 여기 애굽에서 허송세월하고 있습니다."

하나님은 말씀하셨다. "그렇다! 너는 결정해야 한다. 빈둥거리며 왔다 갔다 하고, 즐거운 일을 찾아 마음껏 즐기고, 주위 사람들의 인사를 받으며 평안히 살 것인가? 아니면 소수에 지나지 않는 내 백성과 하나 되어 믿음으로 고난당할 것인가?" 나는 모세가 이 문제를 5분 만에 결정했을 거라고는 생각하지 않는다. 아마도 하나님께 "하나님, 이 문제에 대해 생각해보도록 하루를 주십시오. 어쩌면 일주일이 걸릴지도 모릅니다"라고 말씀드렸을 것이다. 그는 깊이 생각해보다가 점점 마음을 굳혔을 것이다.

어느 날은 "나는 수모를 당할 수 없다"라고 했을 것이고, 또 마음이 많이 정리된 어느 날에는 "수모당하기를 거부하는 건 못 할 짓이다"라고 말했을 것이다. 그다음에는 "애굽을 떠날 생각을 하니 발걸음이 떨어지지 않는다"라고 말하는 날이 찾아왔을 것이고, 또 그다음에는 "애굽에 남는 것은 내가 할 일이 아니다"라고 말하는 영광스러운 날이 찾아왔을 것이다. 결국 그의 가치관이 바뀌었고, 그는 즐거움의 장소를 떠나 수모의 자리로 나아갔다. 여기서 우리는 완벽한 역설을 보게 된다. 그는 그때까지 즐기던 것보다 수모를 더 즐거운 것으로 여기게 되었다! 그리스도인으로서 살아가는 것이 바로 이런 것이다!

그리스도인이 되면 수모를 당하게 될까 봐 그리스도인이 되지 않는 이들이 무수히 많다고 나는 믿는다. 이런 사람들에 대해 성경은 동정 섞인 말을 해주지 않고, 오히려 "두려워하는 자들과… 모든 자들은 불과 유황으로 타는 못에 던져지리니"(계 21:8)라고 선포한다. 수모를 당할까 봐 주님을 따르기 두려워하는 자들은 대가를 치를 것이다. 왜냐하면 하나님께서 그들을 위해 해주실 수 있는 것이 전혀 없기 때문이다. 반면 수모를 당하는 것에 개의치 않고 주님을 따르는 자들은 구원을 얻을 것이다.

포기 없이는 구원도 없다

우리가 또 생각해보아야 할 표현은 "애굽을 떠나"(히 11:27)라는 아름다운 말씀이다. 포기가 곧 구원은 아니지만, 포기 없이는 구원도 없다. 거부가 곧 구원은 아니지만, 거부 없이는 구원도 없다. 우리가 주님께 돌아가려면 그전에 '떠나고 포기하고 버리는 것'이 반드시 있어야 한다. 배가 가라앉고 있는데 그 배에 계속 남아 있을 사람은 아무도 없다. 추락하는 비행기에서 빠져나오지 않고 조종간을 잡고 있다가 죽음을 맞이하는 조종사는 없다. 그는 뛰어내린 후 낙하산 줄을 당겨 지상으로 내려오라는 교육을 받는다. 비행기에서 빠져나와 낙하산을 펴는 것만이 살길이다. 그렇게 해야 다음에 하늘로 올라가 다시 훈련에 임할 수 있다. 집에 있다가 불이 났을 때 유일한 살길은 일어나 집에서 빠져나오는 것이다. 모세는 앞일을 정확히 꿰뚫어 보았고, 보이지 않는 자를 보는 것같이 하여 참았다(히 11:27).

그리스도인들은 특이한 사람들이다. 보이지 않는 것들을 보고, 들을 수 없는 것들을 듣고, 보이지 않는 분에게 말씀드린다. 그렇게 이상한 사람들이라 수모를 당한다. 만일 당신이 일주일에 한 번 교회에 가면 사람들은 이상하게 생각하지 않고 오히려 선량한 시민으로 여길 것이다. 하지만 당신이 그리스도인이라는 사실을 진지하게 받아들이고 교회 문이 열릴 때마다 교회에 간다면 사람들은 당신이 정신과 치료를 받아야 한다고 말할 것이다.

우리는 보이지 않는 분을 보는 것같이 하여 참아야 한다. 당신 주변의 친구들조차 신뢰할 수 없을 때도 있다. 그들이 거짓된 사람이어서가 아니라 누구를 믿어야 할지 확신이 서지 않기 때문이다.

그러나 "그리스도인이라는 아무개 자매가 저렇게 행동하는 것을 나는 도저히 이해할 수 없다. 저렇게 행동하는 아무개 형제가 그리스도인이라니 도저히 믿을 수 없다"라고 말하지 말라. 그런 사람들이 아주 많을 테지만, 그들이 왜 그렇게 행동하는지 이해할 수 없을 것이다. 그런데 그들 때문에 내가 넘어지지는 않는다. 왜냐하면 내가 형제나 자매를 보고 회심한 것이 아니기 때문이다.

내가 회심한 목적은 '믿음의 주요 또 온전하게 하시는 이인 예수'를 바라보기 위함이다(히 12:2). 그분은 결코 실망시키지 않으실 것이다. 당신이 "주님께서 이렇게 행하신 것이 도저히 이해되지 않는다"라고 말하는 날은 오지 않을 것이다. 대신 당신은 언제나 "전능하신 이시여 심판하시는 것이 참되시고 의로우시도다"(계 16:7), 당신의 길은 찾지 못할 정도로 아름답습니다"라고 말하게 될 것이다. 그러므로 보이지 않는 분을 보는 것같이 참자. 그러면 모세처럼 선한 결실을 맺고, 하나님의 영광이 우리의 상급이 될 것이다.

오, 주여! 내 길이 아닌 주님의 길을,

그 길이 아무리 어두울지라도

주님의 손길로 날 이끄시고

내 갈 길을 택해주소서

평탄하든 험난하든

당신의 길은 최고의 길이기에,

곧든지 굽었든지 나를 앞으로 이끌어

당신의 안식에 이르게 하나이다

나는 감히 내 운명을 선택하지 않으리니

알면서는 결코 그렇게 하지 않으리라

나를 위해 당신이 선택하시면, 내 하나님이시여,

내가 옳은 길로 행하리라

내 잔을 들어

기쁨이든 슬픔이든 채워주소서

당신의 가장 선한 뜻에 따라 채우소서

내게 좋은 것이든 나쁜 것이든

나를 위해 친구들을 택해주시고

건강이든 질병이든 골라주소서

내가 무엇에 마음을 써야 할지 결정해주시고,

가난이든 부요든 정해주소서

선택은 내 몫이 아니니

큰일이든 작은 일이든

당신이 내 안내자, 내 힘, 내 지혜

그리고 내 모든 것이 되어주소서

_호라티우스 보나르(Horatius Bonar, 1808~1889)

〈오, 주여! 내 길이 아닌 주님의 길을〉

영적 영웅은
믿음으로 걷는다

내가 무슨 말을 더 하리요 기드온, 바락, 삼손, 입다, 다윗 및 사무엘과

선지자들의 일을 말하려면 내게 시간이 부족하리로다 _히 11:32

큰 보물을 발견한 사람은 보물이 있는 곳에 수천 번 다시
찾아가 보물을 세세히 살펴보고, 세어보고, 느껴보고, 쳐다
볼 것이다. 바로 이런 사람처럼 우리는 히브리서에 나오는 '믿
음으로'라는 말을 수없이 다시 읽고, 음미하고, 느껴본다. '믿
음으로'라는 말에서 우리는 하나님의 사람들의 우렁찬 승리의
함성을 듣게 된다. 그들이 '믿음으로' 위업을 이루었다는 것은

믿음이 단지 공허한 상상이 아니라는 점을 증명해준다. 믿음은 역동적이고 능력 있는 것이기 때문에 위업을 이루게 한다.

하나님은 각자 다르게 지으셨다

히브리서 11장에 나오는 믿음의 사람들을 볼 때 우리가 주목해야 할 점은 그들이 서로 다르다는 것이다.

그리스도인의 삶을 살 때 빠지기 쉬운 함정 중 하나는 모든 그리스도인이 똑같아야 한다는 것이다. 하지만 성경을 잠시만 훑어봐도 이 생각이 얼마나 잘못되었는지 알 수 있다. 모든 사람이 똑같은 것은 하나님이 의도하신 바가 아니다. 밖에 나가 자연을 보고 그 안에 나타난 하나님의 손길을 바라보라. 똑같은 눈송이는 하나도 없다. 대충 보면 다 똑같아 보이지만, 자세히 관찰하면 매우 다양하다는 것을 알게 된다. 숲의 나무를 보면 하나님이 나무를 똑같이 만들지 않으셨다는 것을 알게 될 것이다. 숲의 나무들은 낮과 밤이 다르듯이 서로 다르다. 같은 종의 나무를 나란히 심는다고 해도, 자라는 모습을 보면 저마다 다르다는 것을 알게 될 것이다.

자연에도 똑같은 것을 만들어놓지 않으신 하나님께서는 그분의 사람들도 똑같이 만들지 않으셨다. 그들은 모두 서로 다르다. 그들의 강점이 다르고, 약점도 다르다. 그들의 공통점은 외형에 있지 않고, 하나님을 향한 열정에 있다. 이 말이 옳다는 것은 히브리서에 나오는 믿음의 영웅들을 볼 때 자연스럽게 증명된다.

아브라함과 야곱

아브라함과 그의 손자 야곱을 예로 들어보자. 당신은 이 두 사람보다 기질적 차이가 나는 사람 둘을 생각해낼 수 있는가? 아브라함은 품위 있고 멋진 노신사였다. 그는 품위를 떨어뜨리는 일을 하지 않는 깔끔한 사람이었다. 그가 멋진 노신사라서 아마 당신은 "저런 사람과 알고 지냈다면 참 좋았을 것이다"라고 말할 것이다. 그러나 그의 손자 야곱은 성격이 전혀 달랐다. 그는 '남을 밀어내고 그 자리를 대신 차지하는 사람'이었다. 그의 행동들은 언제나 다른 이들에게 당혹감과 불쾌감을 주었다. 하나님께서 그를 '이스라엘'로 만들어주실 때까지 그랬다.

그런데 그런 비호감 야곱을 하나님께서 아브라함과 나란히 두신 것은 아브라함과 야곱 모두 성도로 만들기 원하셨기 때문이다. 이 두 사람은 딱 하나만 빼고 닮은 구석이 전혀 없었다. 그들의 유일한 공통점은 하나님을 믿는 믿음이 있었다는 것이다.

요셉과 모세

우리가 또 생각해볼 이들은 요셉과 모세이다. 요셉은 가장 온화한 사람 중 하나였다. 요셉보다 더 온화한 사람을 찾지 못할 것이다. 그는 형제들이 애굽으로 내려왔을 때 그들에게 분노하지 않았다. 그는 흔히 말하는 '신사'(gentleman)가 아니라 '온화한 사람'(gentle man)이었다.

모세는 요셉과 전혀 닮지 않았다. 모세는 불같은 성격의 사람이었다. 그는 격노하여 애굽인을 죽였고, 나중에는 이스라엘 회중에게 "반역한 너희여"(민 20:10)라고 말하며 지팡이로 반석을 두 번 쳤다. 그는 요셉만큼 온화한 사람이 아니었다. 하지만 하나님은 요셉에게 찾아와 복을 주셨듯이 모세에게도 찾아와 복을 주셨다.

사라와 라합

히브리서 11장은 사라와 라합에 대해 언급한다. 사라는 흠 잡을 데 없는 선한 여인이었지만, 라합은 창녀였다. 하지만 이 두 여자는 모두 믿음이 있었고, 회심하여 거듭나 하나님께 복을 받았다.

이처럼 하나님께서는 그분의 영을 통해 사람들의 닮은 점뿐만 아니라 차이점까지도 귀하게 사용하시고 복을 주신다. 하나님은 닮은 점이 없는 사람들을 받아들이시고 그들에게 자신을 나타내신다.

하나님의 큰 지혜에 따라 우리 각 사람을 다르게 지으셨다. 나는 우리가 다 똑같지 않다는 것이 참 기쁘다. 예를 들어, 당신의 집에는 조명을 비롯해 다양한 전자제품이 있을 것이다. 그것들은 서로 다른데, 토스터는 전등과 같지 않다. 그것들은 각기 다른 기능이 있고, 서로 다른 목적에 따라 이용된다. 하지만 전기로 작동한다는 공통점이 있다. 커피머신에 사용되는 동력이 전자레인지에도 사용된다.

하나님은 우리를 서로 다르게 만드셨다. 그리스도인들은 키, 얼굴 생김새, 체형이 다르다. 인종, 언어, 인생관, 재능 그리고 연령이 다 다르다. 그렇지만 그들 안에 거하시는 성령께서 힘을 주셔서 각자 그리스도를 위해 살아간다. 우리는 겉모습만 보고 사람을 설명할 수 없다.

때때로 그리스도인들은 주님 안에서 아주 신령하고 은사가 뛰어난 형제에게 매료된다. 우리는 그런 형제에게 감탄하고 심지어 그의 전기(傳記)도 쓴다. 하지만 모든 그리스도인이 그 형제처럼 되기를 바라서는 안 된다.

예를 들어, 우리가 감탄하는 신령한 옛 성도를 닮은 교인이 지금 우리 교회에 있다고 가정해보자. 당신은 그런 교인이 교회에 있는 것을 바라지 않을 것이다. 솔직히 말해서 그런 교인과 신앙생활을 함께하는 것이 힘들다고 느낄 것이다.

설교자가 되기를 소망하는 젊은이는 종종 세계적인 전도자 빌리 그레이엄 같은 사람을 보고 그와 같이 되기를 원한다. 그러나 하나님은 한 명의 빌리 그레이엄을 만드셨다. 오직 한 사람이다. 빌리 선데이(Billy Sunday, 미국의 야구선수이자 복음 전도자)도 한 사람만 만드셨다. A. B. 심슨(A. B. Simpson, 토저가 속했던 교단 '기독교선교연합'의 창시자)도, 복음전도자 D. L. 무디도 단 한 사람만 만드셨다. 내가 이 정도로 얘기했으니 이제 내 말뜻을 이해할 것이다.

사람들이 그들의 영적 영웅 중 하나를 모방하려고 애쓰지만, 결국 그 영웅의 별난 점들만 겨우 흉내 낼 뿐이다. 그 하나님의 사람의 능력이나 유용함을 모방하지는 못한다.

내가 존경하는 어떤 그리스도인들을 모방하려 애쓴다 해도 그들의 영성을 본받지는 못하고, 기껏 그들의 타고난 개성만 흉내 내게 된다. 그 누구도 모방하려고 애쓰지 말라. 다만 믿음을 가지고 하나님을 사랑하고 그분에게 복종하는 것은 따라 해도 좋다. 그것 말고 다른 부분은 절대적으로 다를 수밖에 없다.

하나님은 다시 행하신다

본질상 하나님은 싫증을 내거나 지겨워하지 않으신다. 그분의 계획이 세대가 바뀔 때마다 바뀌는 것은 아니다. 그분의 형상으로 창조되었어도 인간은 어떤 것이 그 의미와 목적을 상실한 후 오래되었을 때 그것을 반복하면 싫증 내고 지겨워한다. 그러나 하나님은 우리와 다르시다. 상상력이 시들면 인간은 쉽게 싫증이 나서 '뭔가 기발한 게 없을까?' 하며 주위를 두리번거리지만, 그분은 그렇지 않으시다. 하나님은 과거에 행하신 일을 다시 행하기를 기뻐하신다. 하나님은 그분의 백성 중 어떤 사람을 위해 행하신 것을 그들 중 다른 어떤 사람을 위해서도 다시 행하실 수 있다. 이것을 생각할 때 나는 때때로 위안을 얻곤 한다.

나의 삶이 다른 사람들의 삶과 다르지만 그래도 내 안에서, 나를 통해 일하시는 하나님은 동일한 하나님이시다. 사도 바울 안에서, 그리고 그를 통해 일하신 하나님께서 오늘날 내 안에서, 나를 통해 일하신다는 사실이 내게 큰 위안을 준다.

종종 나는 위대한 옛 성도들의 전기를 읽은 후에 조금 낙심 하곤 했다. 그들과 나를 비교했기 때문이다. 우리가 과거에 살았던 위대한 믿음의 사람들의 전기를 읽고 그들과 자신을 비교하고 싶은 유혹을 느낀다면 큰 해를 입을 수 있다. 왜냐 하면 우리는 모두 다르고, 서로 다른 시련과 유혹에 취약하기 때문이다. 우리가 겪는 갈등은 서로 다르다. 어느 한 사람의 승리는 그의 승리일 뿐이다.

하나님은 각 사람에게 임하신다

캠프집회 때 내가 즐겨 부르던 찬양 중에 이런 가사가 있었 다. "양심 때문에 주저하지 말라. 자격을 갖추겠다는 철없는 생각을 버려라." 우리는 과거의 위대한 성도들에게 도덕적으로 나 영적으로 열등감을 느끼기 쉽다. 나는 당신에게 그런 열등 감에 빠지지 말라고 조언하고 싶다. 하나님께서 당신에게 불어 넣으신 독특한 자질을 당신 영혼의 원수가 빼앗아가지 못하도록 조심하라. 성경에 나오는 인물들을 공부해보라. 그리고 이어지는 교회 역사 속 인물들을 연구해보라. 그러면 한 가지 반가운 사실을 발견할 것이다. 그것은 그들이 도덕적 수준에서 차이가 났음에도 믿음이 그들의 삶을 움직이는 원동력이었다는 것이다.

아브라함, 모세, 삼손, 사라 그리고 라합에 대한 성경 기록을 읽어보면 그들이 매우 달랐다는 사실을 알게 될 것이다. 하나님께서는 그들을 통해 똑같은 방법으로 일하시지 않았다. 그러므로 오늘날 우리를 통해서도 똑같은 방법으로 일하시지 않을 것이다. 우리 각자가 서로 다르기에 하나님은 그분의 나라를 위해 우리 각자에게 서로 다른 사명을 주신다. 그런데 그 사명을 이루기 위해 사용되는 가장 큰 영적 요소는 바로 믿음이다.

내가 수도 없이 본 일을 이야기해주고 싶다. 25~30년 동안 교회를 섬긴 목회자가 은퇴하거나 사망하면 교회는 후임 목회자를 물색한 후 젊은 목회자를 청빙하여 양 떼를 맡긴다. 그런데 그때부터 문제가 생긴다. 교회의 나이 많은 교인 중 일부는 자신들도 의식하지 못한 채 젊은 목회자에게 상처를 주곤 한다. 젊은 목회자는 하나님께 받은 사명을 감당하는 데

무진 애를 먹는다. 그들은 나이 든 전임 목회자가 설교단에서 들려주던 걸걸한 음성에 오랫동안 익숙해져 있던 사람들이다. 그들은 전임 목회자의 모든 면에 친숙하고, 그를 깊이 사랑하게 되었다.

그런데 새로 온 목회자는 그와 전혀 다르다. 새 목회자는 똑같은 성경으로 동일한 복음을 전하지만, 일부 교인의 마음에 들지 않는다. 그들은 전임 목회자의 목회 스타일에 익숙해져 있는 사람들이다. 어쩌면 그 목회자가 과거에 그들에게 세례를 주었거나 결혼식 주례를 맡았거나 친척의 장례 예배를 인도했을 수도 있다. 그런데 교인들은 빨리 배워야 한다. 하나님께서 누군가가 늙었다고 해서 그에게 복을 주시는 것도 아니고, 누군가가 젊다고 해서 복을 주시는 것도 아니라는 점이다. 그분은 사람들의 믿음을 보시고 복을 주신다. 그들의 목소리가 듣기 좋다고, 걸걸하다고 해서 복을 주시는 것이 아니라 그들의 믿음을 보시고 복을 주신다. 그런데 안타깝게도 교인들이 하나님께서 행하시려는 일을 자기도 모르게 방해할 수 있다.

'성인'(聖人)들은 과거에도 있었고, 지금도 존재한다. 성인이라는 사람들은 신학적인 얘기를 할 때가 아니면 스스로 성인이라고 부르지 않는다. 그들은 자신들이 다른 사람들에게 영적으로 큰 유익을 주는 존재라는 사실을 모른다. 우리는 옛 믿음의 영웅들이 그들의 시대에서 한 역할을 지금 우리 시대에서 해낼 수 있다. 사실 옛 믿음의 영웅들은 자기들이 믿음의 영웅이라는 사실을 몰랐다(이것을 명심해야 한다). 우리가 행하는 사소한 일이 생각지도 못한 사람들에게 복을 안겨줄 수 있다.

믿음과 사랑과 순종으로 가는 길

여러 해 전에 나는 '한 작은 선지자의 기도'라는 것을 썼다. 그 기도문을 쓸 당시에는 대단하게 여기지 않았다. 사실 그건 하나님께 드리는 나의 작은 기도였을 뿐이다. 그런데 그 기도문을 통해 영적 유익을 얻은 사람들이 내게 편지를 많이 보냈고, 그런 사람들과 사경회나 캠프집회에서 이야기를 나누기도 했다. 그것을 쓸 당시에는 꿈도 꾸지 못한 영향을 끼친 것이다.

이것은 우리가 행하는 작은 일이 한 번도 본 적 없는 사람들에게 영적 유익을 줄 수도 있음을 말해준다. 내가 세상을 떠나고 오랜 세월이 흐른 후에도 어쩌면 사람들이 나의 그 작은 기도문을 읽을지도 모른다. 이것은 과거의 위대한 성도들이 그 시대에 해온 역할을 지금 이 시대의 우리도 할 수 있다는 것을 말해준다. 하나님은 우리가 거룩한 삶을 살면서 성령충만하기를 원하시지만, 우리가 옛 성도들의 복사판이 되기를 원하시지는 않는다. 우리는 그들처럼 믿고 순종하고 사랑해야 하지만, 그다음에는 우리 자신의 길을 걸어야 한다.

나는 이 문제에 대해 꽤 많이 생각해보았는데, 내 결론은 죽은 사자보다 살아 있는 개가 언제나 더 낫다는 것이다. 내가 이렇게 말하는 이유는 사자가 그 시대에는 천하를 호령했겠지만, 그 시대는 이미 가버리고 없기 때문이다. A. B. 심슨은 틀림없이 그가 살았던 시대에 '믿음의 사자'였다. 그는 말 그대로 예수 그리스도의 복음을 세계만방에 전했다. 그러나 그는 지금 세상에 없다. 그가 이룬 것들이 그의 시대에는 위대한 것이었지만, 그의 시대는 지나갔다. 이 시대에는 우리가 옛 믿음의 위인들에게 기죽지 말고 그 책임을 맡아야 한다. 하나님을 믿는 믿음은 그들과 같지만, 우리가 갈 길은 그들과 다르다. 하나님이 원하시는 것은 우리가 그들과 같은 믿음과 사랑과 순종으로 우리의 길을 가는 것이다.

주님이 다시 오시면 우리가 모두 똑같은 상급을 받는 것은 아니다. 하나님의 은혜로 다른 이들보다 더 많은 상급을 받을 자격이 있는 자는 더 많이 받을 것이다. 그때까지는 믿음의 영웅들을 보고 힘을 얻을 수 있으니 하나님께 감사하자. 영적으로 그들만큼 높은 수준에 이르지는 못할지라도 적어도 우리가 이른 최고의 수준에는 감사하자. 물론 당신이 히브리서 11장에 기록된 사람들만큼 높은 수준의 영성에 도달할 가능성이 아예 없는 것은 아니다.

만일 히브리서 11장이 하나 더 쓰인다면, 거기에는 당신이 기대하지 않았던 사람들의 이름이 올라 있을 것이다. 예를 들면, 라합 같은 사람들 말이다. 라합은 어떤 여자였는가? 그녀는 창기였지만 하나님을 믿고 믿음의 삶으로 급선회했다. 어디 라합뿐인가? 사사 기드온이 있었고, 선지자 예레미야 때 서기관 바룩이 있었고, 삼손도 있었다. 이들은 더 완전할 수도 있었겠지만 그렇지 못했다. 하지만 하나님을 믿고 그분께 순종했다. 그렇다! 새로 기록될 히브리서 11장에는 당신이 거의 기대하지 않았던 사람들의 이름이 올라 있을 것이다. 왜냐하면 믿음의 영웅들이 모두 세상을 떠난 것은 아니기 때문이다. 만일 당신이 이 불경건한 세상에서 하나님을 믿고, 옛 믿음의 영웅들처럼 이 시대에 주님과 동행한다면 당신의 이름이 주님께서 장차 쓰실지도 모르는 그분의 마지막 히브리서 11장에 오를 수도 있다.

하나님은 지금도 말씀하신다

구약에 나오는 한 가지 표현이 늘 내 마음에 큰 위안이 되었다. 그것은 "아브라함이 죽은 후에…"(창 25:11) '하나님이 말씀하셨다'라는 표현이다. 믿음의 조상 아브라함은 위대하고 훌륭한 사람이었지만, 그가 죽었다고 해서 하나님께서 그와 함께 죽으신 것은 아니다. 우리가 알듯이, 하나님은 지금도 말씀하고 계시다. 때때로 우리는 믿음의 위인이 죽으면 마치 기독교가 끝난 것처럼 슬퍼한다. 물론 하나님께서 훌륭한 사람들을 크게 사용하신 것이 사실이고, 그들 중 일부를 역사상 유례가 없을 만큼 특별히 사용하신 것이 사실이지만, 그렇다고 해서 그분이 그들과 함께 죽으신 것은 아니다.

폴 레이더(Paul Rader, 1879~1938. 미국 최초의 전국적 라디오 설교자)가 세상을 떠났을 때 '미국에서 복음 전도는 이제 끝났다'라는 생각이 잠시나마 나를 사로잡았다. 그러나 그가 세상을 떠난 후에도 하나님은 여전히 일하시고 활동하시고 사람들의 삶을 변화시키고 계신다. 위대한 사람들은 왔다 가지만 하나님은 언제나 최전선에 계신다. 우리의 뒤를 잇는 세대에게 폴 레이더가 영향을 끼칠 수는 없지만, 우리는 그 세대에 하나님을 위해 큰 영향을 끼칠 수 있다. 그는 떠났고, 그의 음성은 더 들리지 않는다. 그러나 하나님은 여전히 말씀하고 계시고, 앞으로도 계속 말씀하실 것이다.

하나님께서 당신의 귀에 속삭이실지도 모르는 복되고 중요한 비밀이 무엇인지, 당신이 어떻게 알겠는가? 그분이 어떤 말씀을 들려주고 싶어 하시는지 당신이 아는가? 그분이 당신에게 주기를 원하시는 것이 얼마나 멋진지 아는가?

하나님이 쓰시는 사람이 되자!

그렇다면 우리는 어떻게 해야 하는가? 나는 세 가지를 제안하고 싶다. 이것들을 실천하면 하나님이 우리를 통해 이 세대에 이루고자 하시는 것을 많이 이루어드릴 수 있을 것이다. 내가 제안하고 싶은 세 가지는 죄를 버리고, 세상과 단절하고, 조건 없이 믿음으로 우리 자신을 하나님께 드리는 것이다. 이세 가지를 행하면 지난 세대의 믿음의 영웅들만큼 그분의 뜻과 일을 이루어드릴 수 있을 것이다.

성경과 교회 역사에 나타난 신앙 위인들을 연구해보면, 온갖 종류의 사람을 보게 될 것이다. 그들의 기질은 다양하고 시련이나 환난이 다양했다. 어떤 이들은 반항심이 많았지만, 그들을 통해 하나님의 위대한 일들이 이루어졌다. 그들 중에 완전한 사람은 한 명도 없었다. 그들 중 일부가 완전에 근접하기는 했지만, 결점이 없는 사람은 없었다. 하나님은 흠 없는 사람들을 통해 일하시지 않는다. 불완전한 이들을 통해 일하신다. 하나님이 사용하시는 것은 믿음과 순종 가운데 우리 자신을 그분께 온전히 바치는 마음이다.

하나님의 일을 하는 데 필요한 것이 자신에게 있다고 믿는 사람들의 경우, 실제로는 그것이 그들에게 없다. 옛 믿음의 영웅들은 그들의 힘으로 아무것도 이루지 못했다. 삼손을 보라. 겉으로 볼 때 그는 보통 사람과 다를 바 없었다. 하지만 그에게 하나님의 영이 임했을 때 비범한 일을 해냈다. 그는 완전한 사람과는 거리가 멀었다. 오늘날 우리가 본받을 만한 사람이 아니었다. 그런 그를 하나님께서 왜 사용하셨는지는 그분 통치의 신비이다. 삶에서 오직 하나님을 바라며 완전히 복종하는 사람! 바로 그런 사람을 하나님이 찾으신다.

믿음의 영웅들을 보내주신 하나님께 감사하자. 그리고 그들이 세상을 떠난 것을 기억하자. 그들은 그들의 다음 세대를 위해, 또 그다음 세대를 위해, 그 이후 세대를 위해 증거를 남긴 사람들이다. 당신은 살아 있고, 당신 세대 사람들은 주위 어디에나 있다. 당신이 잠들기 전에, 즉 세상을 떠나기 전에 하나님의 뜻에 따라 당신의 세대를 섬겨야 한다. 당신은 그렇게 할 수 있다. 과거 세대를 섬길 수 없고, 오직 당신의 세대를 섬길 수 있을 뿐이다. 당신의 세대를 섬겨라. 그리고 당신에 대한 평판과 당신의 섬김을 하나님의 친절한 손에 맡겨드려라. 그러면 때가 되어 하나님이 당신의 이름을 믿음의 영웅들의 명부에 올리시며 "믿음으로 아무개가…"라고 쓰실 수도 있을 것이다. 하나님이 그렇게 하지 않으신다고 할지라도 적어도 당신은 그 세대를 섬김으로써 그분을 기쁘게 해드렸다는 데 큰 기쁨을 느낄 것이다.

장차 누릴 즐거움을 믿는 믿음으로
밤처럼 어두운 광야를 걸어가네
하지만 결국 우리의 본향 천국에 이르리니
믿음이 안내자요 빛이라네

눈으로는 못 보아도 믿음으로 보니
믿음의 눈에 진주문이 들어오네
믿음으로 먼 세상을 들여다보니
영원한 영광이 피부로 느껴지네

힘찬 발걸음으로 광야를 지날 때

믿음이 하늘의 빛을 비춰주네

사자들이 울부짖고 폭풍이 몰아쳐도,

바위투성이 길에 위험이 도사려도

아브라함은 하나님의 명령을 듣고

그분과 동행하기 위해 자기 집을 떠났네

믿음으로 약속의 땅을 보고,

가는 길에 그의 열정에 불을 붙였네

_아이작 왓츠

〈장차 누릴 즐거움을 믿는 믿음으로〉

A DISRUPTIVE
FAITH

믿음의
경주에서
승리하라

믿음의 경주에
방해되는 것을 벗어버리라

이러므로 우리에게 구름같이 둘러싼 허다한 증인들이 있으니 모든 무

거운 것과 얽매이기 쉬운 죄를 벗어버리고 인내로써 우리 앞에 당한 경

주를 하며 믿음의 주요 또 온전하게 하시는 이인 예수를 바라보자 그는

그 앞에 있는 기쁨을 위하여 십자가를 참으사 부끄러움을 개의치 아니

하시더니 하나님 보좌 우편에 앉으셨느니라 _히 12:1,2

성경은 그리스도인의 삶에 대해 말할 때 자주 은유(隱喩)를

사용한다. 히브리서 기자는 이 본문에서 경주에서 달리는 사람

을 은유로 사용한다. 우리는 '삶'이라는 경주에서 달리는 자들

이다. 히브리서 기자의 은유는 오늘날 올림픽 경기와 비슷한 경기에서 경주했던 고대 그리스인들에게서 힌트를 얻은 것이다.

이 은유에 비추어볼 때 우리의 믿음 생활에 몇 가지 위험이 도사린다는 것을 알게 된다. 예를 들어, 모든 그리스도인은 경주에서 패배할 위험이 있다. 경주하는 자는 경주에서 승리할 것을 기대하며 달린다. 그러나 그가 경주를 마치지 못하도록 방해하는 요소가 나타날 수 있다. 무엇보다 이 사실을 아는 것이 그리스도인에게 중요하다. 그리고 승리를 위해 무엇을 해야 하고, 온갖 장애물에 어떻게 대비해야 할지 아는 것도 매우 중요하다.

운동선수들은 경주 전후에 엄청난 양의 훈련을 소화한다. 평생 이 같은 고강도 훈련에 힘을 쏟는 운동선수들이 많다. 훈련은 경기 중에 일어날 수 있는 모든 일을 대비해 그들을 준비시키는 것이다. 경기가 끝나도 편히 쉬는 것이 아니라 다시 체계적인 훈련에 돌입한다. 그들은 자신이 오직 한 명만 우승하는 경쟁에 뛰어들었다는 것을 잘 안다.

그런데 그리스도인의 삶은 운동선수의 삶과 조금 다르다. 그리스도인은 다른 그리스도인들과 경쟁하지 않는다. 우리는 인생의 경주자로서 경쟁하지만, 서로 다투며 경쟁하지는 않는다. 우리의 적은 다른 그리스도인이나 그리스도인들 무리가 아니다. 하지만 안타깝게도, 내가 사역했던 어떤 곳에서는 교인들이 이 점을 잘 이해하지 못했다. 다시 말하지만, 우리가 경쟁해야 할 적은 다른 그리스도인이 아니라 온갖 형태로 나타나는 세상과 육신과 마귀이다.

성령께서는 믿음의 경주를 잘할 수 있도록 우리를 성실히 준비시키신다. 우리가 만나게 될 장애물에 대해 잘 아시기 때문에 그것에 대비해 우리를 온전히 준비시키신다. 우리는 우리의 완주를 방해하는 온갖 장애물을 무력화하는 능력을 갖추기 위해 훈련받는 것이다.

그리스도인의 경주는 속도가 중요하지 않다

성경은 인생의 경주를 속도의 관점에서 보지 않는다. 그리스도인은 경주에서 신기록을 세우라는 명령을 받은 자가 아니다. 하나님의 말씀은 우리에게 인생의 경주에서 빨리 달리라고 가르치지 않는다. 오히려 인내심을 가지고 달리라고 가르친다. 출발을 알리는 날카로운 신호총 소리에 전력 질주해서 다른 선수들보다 앞서 달리던 선수가 경주가 끝나기 전에 오히려 뒤처지는 일이 많다. 출발할 때 힘을 너무 쏟아부었기 때문이다. 그리스도인의 경주는 100미터 전력 질주, 즉 단거리 경주가 아니라 크로스컨트리 달리기 같은 장거리 경주이다. 그러므로 중요한 것은 속도가 아니라 인내심이다. 물론 마지막에는 속도를 내야겠지만, 그것도 경주하는 동안 참을성을 가지고 꾸준히 달린 후에나 가능한 일이다.

우리는 모든 무거운 것을 벗어버려야 하는데, 여기서 무거운 것은 죄가 아니다. 바울은 경주하는 선수들을 보고 은유로 말했다. 그들은 몸을 가볍게 하려고 옷을 거의 입지 않고 뛰었다. 당연히 입어야 할 옷을 경기장에서는 입지 않았다. 무게가 조금 나가더라도 달리는 데 방해가 되기 때문이다. 바람의 저항을 받는 늘어지는 옷은 입지 않았다. '간소화'라는 말이 생기기도 전에 간소화를 실천했다. 공기의 저항을 받아 속도가 떨어지는 것을 최소화하기 위해 걸리적거리는 것은 다 없앴다. 달리기를 방해하는 것들, 그들의 전진을 어떤 식으로든 가로막는 것들은 무엇이든지 제거했다. 인생의 경기장에서 뛰고 있는 우리도 우리를 뒤로 잡아당기는 것을 버리지 않으면, 질질 끌려가다가 결국에는 경기에서 패하고 말 것이다. 그러므로 그것들을 모두 없애야 한다.

그리스도인의 삶에서 전진을 방해하는 것 중에 당연히 죄가 들어가지만, 히브리서 기자는 12장 1절에서 죄를 먼저 언급하지 않는다. 그가 먼저 언급한 것은 신앙의 장애물인데, 이것은 본질적으로 죄는 아니다. 신령한 그리스도인과 보통 그리스도인의 차이가 무엇일까? 신령한 그리스도인은 죄를 버려야 하는 것을 알 뿐만 아니라 그의 영적 승리를 가로막는 것들도 버려야 한다는 것을 잘 안다.

히브리서에서 성령께서는 택함 받은 사람들에게 말씀하신다. 그분은 얄팍한 사람들에게 말씀하지 않으신다. 역사상 어느 시대보다 이 시대의 종교가 아주 얄팍한 것이 되어버렸다. 사람들은 종교를 옷처럼 걸친다. 아주 얇은 옷 말이다. 다른 비유를 들 것 같으면, 사람들에게 종교는 갑자기 폭풍우가 불 때 뇌우(雷雨) 때문에 생긴 도랑물 같은 것이다. 이 도랑물은 콸콸 소리를 내며 흐르면서 먼지도 많이 일으키지만, 잠시 흐르는 아주 얕은 물이기 때문에 그 양이 점점 줄다가 해가 뜨면 말라버린다. 어떤 사람들의 영혼은 바로 그런 도랑물 같다.

성령은 얕은 사람에게 말씀하지 않으신다. 당신이 얕은 사람이라면 주님의 음성을 들을 수 없다. 성령은 자기변명에 빠진 사람, 즉 자기가 옳다고 믿는 사람에게 말씀하지 않으신다. 이런 사람은 현재 자신을 바꿀 필요가 없다고 믿는다. 성령은 자기주장을 늘어놓는 사람, 착각에 빠진 사람, 진실하지 않은 사람에게 말씀하지 않으신다. 진실성은 그리스도인의 삶에 절대적으로 필요한 전제조건이다. 만일 내가 진실하지 못하다면 하나님은 내 이름에 줄을 긋고 제외하실 것이다. 진실하지 않은 사람들을 용납하실 수 없기 때문이다.

그렇다면 하나님은 여기서 누구에게 말씀하시는가? 바로 '온유한'(meek) 사람들에게 말씀하신다. 그렇다면 '온유하다'는 것은 무엇인가? 번역자들이 이 단어를 번역할 때 꽤나 애를 먹었을 것이다. 온유한 사람은 친절한 사람, 겸손한 사람, 그리고 낮아진 사람을 의미한다. 낮아진 사람은 자기를 아주 낮게 평가하는 사람이다. 겸손한 사람은 다른 사람들과 비교해서 자기를 낮게 평가하는 사람이다. 온유한 사람은 자신을 하나님 앞에서 아주 보잘것없는 낮은 사람으로 여긴다. 그래서 오늘날 사람들은 온유와 겸손과 낮아짐 같은 미덕들을 별로 좋아하지 않고, 기르려고 애쓰지도 않는다. 우리도 이런 미덕들을 강조하는 기독교를 원하지 않는다.

그러나 어떤 사람이 하나님 앞에서(또는 다른 사람들과 비교해서) 자신을 낮추지 않으면서 오히려 자신을 대단한 존재로 여기거나 교만하거나 자신을 높인다면 성령께서는 그에게 말씀하시지 않는다. 성령께서는 심령이 가난한 자들, 진실하고 공손한 자들 그리고 깨달음을 얻은 자들에게 말씀하신다.

차든지 뜨겁든지 하라

내가 본 가장 슬픈 현상 중 하나는 최근에 경박한 종교음악이 발달한 것이다. 이 음악은 하나님에 대해 구슬픈 분위기로 노래하면서도 동시에 입가에 미소를 짓게 만든다. 오래전에 캠프집회에서 만들어진 〈성자의 행진〉이라는 찬양이 있다. 이 찬양은 고상한 분위기를 풍기는 찬송가가 아니라 전형적인 집회 노래이다. 성도들이 행진하며 본향으로 가는 것을 노래했다. 그리스도의 재림을 주제로 한 극적인 짧은 노래이다. 그런데 어떤 사람들이 이 곡을 대중가요 풍으로 바꿔버려서 지금은 이 곡이 원래 종교음악이었다는 것을 아는 사람이 거의 없을 정도이다. 하나님을 믿지 않는 사람들, 도덕적으로 미심쩍은 사람들, 어떤 경우에는 명백히 사악한 사람들이 〈성자의 행진〉을 부르고, 심지어는 이 노래에 맞춰 춤까지 춘다.

내가 볼 때 이것은 매우 심각한 문제이다. 이것은 하나님을 모욕하는 것이다. 진정한 기독교의 필수 요소는 경건이고, 하나님의 존전에서 그분을 높이고 두려워하는 것이다. 내가 하나님을 생각하거나 그분 앞에 있을 때 그분에 대한 존경심이 없다면, 즉 내가 경건한 사람이 아니라면 그분은 내게 전혀 말씀하실 수 없다. 방금 내가 언급한 찬양은 한 가지 예에 불과하다. 이런 경우가 수백 가지도 넘는다. 어떤 이들은 나이트 클럽이나 군중 앞에서 이런 종류의 노래들을 열창하는 것을 거의 사명으로 여기고, 그 앞에서 사람들은 칵테일을 마시고 담배를 피우며 요란하게 손뼉을 쳐댄다. 이런 현상은 그런 노래들이 어디에서 나왔는지도 모른 채 아무 진실성 없이, 엄숙함 없이 종교를 이용하는 것이다.

하나님께서는 "내가 네 행위를 아노니 네가 차지도 아니하고 뜨겁지도 아니하도다 네가 차든지 뜨겁든지 하기를 원하노라 네가 이같이 미지근하여 뜨겁지도 아니하고 차지도 아니하니 내 입에서 너를 토하여 버리리라"(계 3:15,16)라고 말씀하신다.

하나님은 우리의 후원이 필요하지 않으시다. 우리가 그분을 향해 미소 지으며 고개를 끄덕이기를 간절히 원하시는 것이 아니다. 그분은 땅 위 궁창에 앉으시어 땅의 거민을 메뚜기처럼 보시는 전능자 크신 하나님이시다(사 40:22). 그들은 하나님이 심판을 시작하실 때 그분 앞에 서게 될 것이다. 그들은 그분의 아들이 옆구리에 칼을 차고, 다리에 '만왕의 왕이요 만주의 주'라는 이름을 쓰고, 백마를 타고 하늘로부터 내려오시면 그분 앞에 서게 될 것이다. 그분이 열국을 심판의 자리로 부르시고 어떤 이들을 오른쪽에, 또 어떤 이들을 왼쪽에 세우실 때 생전에 이 땅에서 그분을 하찮게 여기고 그분께 불경스러운 태도를 보였던 자들은 산들과 바위에 "우리 위에 떨어져 … 어린양의 진노에서 우리를 가리라"(계 6:16)라고 소리칠 것이다.

그렇다면 '무거운 것'(히 12:1)은 무엇인가? 어떤 것이 사람들의 실제 삶을 방해하지 않고, 그들에게 압박을 가하지 않고, 그들에게 개인적인 적용을 요구하지 않으면서 단지 이론에만 머물러 있으면 사람들은 그것에 대해 반감을 갖지 않는다. 그러나 성경을 단지 해석만 하고 적용하지 않는 것은 있을 수 없다. 그러므로 나는 내가 일종의 이론으로 말한 것을 삶에 적용하기를 원한다. 그래야 우리를 방해하는 것들을 벗어버리고 경주를 할 수 있다.

믿음의 길을 갈 때 방해되는 것들

그리스도인이 믿음의 길을 갈 때 방해가 되는 것 중 몇 가지에 대해 생각해보자.

연예 오락

이 세대의 큰 덫 중 하나를 한마디로 말하자면 '연예 오락'
이다. 복음주의자들이 대부분 "연예 오락은 그리스도인을 위
한 것이 아니라 세상의 한 부분이다"라고 믿었던 때가 있었
다. 그 시대 그리스도인들은 세상의 모든 연예 오락을 버렸다.
그 당시 설교자들은 "연예 오락은 영혼을 올무에 걸려들게 만
들고, 그리스도인의 충만한 기쁨을 앗아갈 수 있습니다"라고
설교했다. 그러나 그 후 이런 식의 사고방식은 서서히 변화를
겪었다. 세상 오락이 조금씩 교회 안으로 스며들었다. 그리하
여 이제는 기독교가 세상을 반대하는 일이 거의 없게 되었다.
오늘날 많은 교회는 세상과 거의 차이가 없다. 우리는 세상에
영향을 끼치기 위해 온갖 노력을 다했지만, 지금 세상에는 아
무 영향을 주지 못하고 있다.

지금까지 교회는 '어떻게 하면 세상을 교회로 끌어들일 수
있을까? 세상이 우리 문 안으로 들어오게 하려면 무엇을 해야
할까?'라는 고민을 계속해왔다. 그러다 보니 교회가 세상 사
람에게 최대한 편한 곳이 되게 하려고 엄청난 노력을 기울였

다. 우리는 사람들이 교회에 와서 예배드릴 때 '아, 마치 고향에 온 것처럼 마음이 편하구나!'라고 느끼기를 바란다. 그런데 세속적인 사람들에게 편안함을 줄 수 있는 것이 바로 연예오락임을 알게 되었다. 세상이 무엇을 원하든지 우리는 그것을 줄 준비가 되어 있다.

그들이 찬송가를 좋아하지 않으면 일하면서도 휘파람으로 따라부를 수 있는 짧고 경쾌한 노래를 들려준다. 그들이 길고 긴 강해 설교를 부담스러워하면 대신 세상살이에 도움이 될 만한 다양하고 유익한 이야기를 들려준다. 연예 오락을 좋아하면 당연히 그것도 제공한다. 깊이 생각하기를 원하지 않으면 그들의 작은 마음 그릇에 맞는 가볍고 재미있는 이야기를 들려준다.

이제 우리는 누구에게도 불쾌감을 주지 않는 '기분 좋은 기독교'를 거의 완성했다. 그러나 나는 묻고 싶다. 그렇다면 '십자가의 걸림돌'(갈 5:11)은 어떻게 되는가? 세상과 구별되어 온전한 순수함과 강직함 가운데 주 예수 그리스도께 바쳐진 삶은 어떻게 되는가? 초대교회를 진정한 의미에서 그토록 영광스럽게 했던 '예수의 흔적'(갈 6:17)은 어떻게 되는가?

변명

우리가 또 하지 말아야 할 것은 '변명'이다. 당신의 겉모습을 좋게 보이려는 합리화를 시도하지 말라. 경건을 위한 시간을 내지 못하게 막는 것이 있다면 과감히 끊어버려라. 사람들은 자신이 마음 깊이 원하는 것을 합리화하기 위해 그것이 정당화될 수밖에 없는 온갖 이유를 생각해내면서 "여러 이유로 이것은 가능하다. 훌륭한 사람들도 이것을 즐겼다"라고 말한다. 그러나 그들이 즐겼다고 해서 당신도 즐길 수 있다는 뜻은 아니다. 당신이 해서는 안 되는 일이라면 하지 말라. 그 일이 당신의 경건 생활을 자꾸 방해한다면 과감히 끊어라.

혹시 누군가 당신에게 "그렇게 편협하게 생각할 필요 없습니다. 괜히 예민하게 굴지 마세요"라고 조언한다고 할지라도 그 말을 듣지 말라. 로켓을 우주로 쏘아 올려 지구 주위를 돌게 하려면 어떻게 만드는지 아는가? 모양이 매끄럽고 길쭉하며 우아하고 끝은 뾰족해야 한다. 대기권을 벗어날 때 공기의 저항을 최소화하기 위해 바깥 면은 크롬강(chrome steel)으로 만든다. 로켓을 직사각형 모양으로 만들어도 외관상 문제가 없을지 모르지만, 그렇게 하면 대기권을 벗어날 때 속도가 많이 떨어지기 때문에 유선형으로 만든다.

만일 무언가 자꾸 신경 쓰일 때 누군가 "그건 괜찮아요. 문화적 현상일 뿐이죠"라고 말한다고 해도 그것을 버려라. 그런 것에 시간을 빼앗기지 말라. 만일 그것 때문에 삶의 경주에서 승리할 수 없다면 포기하는 편이 훨씬 더 지혜롭다.

친구 관계

내가 볼 때, 젊은 그리스도인에게 가장 일반적이면서 큰 신앙의 장애물은 '친구 관계'이다. 이 장애물이 크다고 하는 이유는 젊은이들이 친구 관계에 영향을 많이 받기 때문이고, 일반적이라고 하는 이유는 젊은이들이 함께 어울리기를 좋아하기 때문이다. 그들은 마치 무리 지어 다니는 양 떼와 같다. 그러므로 만일 우리가 잘못된 친구 관계를 청산할 준비가 되어 있지 않다면, 섣불리 "나는 주님을 영접합니다"라고 말하지 말자. 기다려라! 주님을 영접한다고 고백한 뒤에도 잘못된 친구 관계를 지속한다면 큰 문제이다. 어떤 경우에는, 그 관계를 끊지 않으면 그리스도인이 될 수 없다.

신앙의 길을 가는 데 방해되는 친구 관계를 어떻게 하면 끊을 수 있을까? 그 방법 중 한 가지는 친구들에게 계속해서 예수님에 대해 이야기하는 것이다. 그렇게 하면 그들은 당신의 말에 질려서 스스로 당신을 떠날 것이다. 실제로 이런 일이 종종 일어난다. 최근에 회심한 사람이 자신이 만난 그리스도에 대해 계속 이야기하면, 주위 사람들은 그를 슬슬 피하게 된다. 나는 이것이 아주 자연스러운 현상이라고 생각한다.

하지만 이런 방법이 통하지 않는 사람들도 있다. 그들은 넉살이 좋아서 당신이 무슨 말을 하든 끄떡하지 않고 당신을 계속 만나면서 당신에게 영향을 주려고 한다. 그들은 당신이 듣고 싶지 않은 말을 하고, 당신이 하고 싶지 않은 일을 하게 만들고, 당신이 가고 싶지 않은 곳으로 당신을 데려가려고 한다. 이런 친구 관계는 끊는 것이 좋다고 말하고 싶다. 믿음의 경주 속도를 떨어뜨리기보다 친구 관계를 끊는 것이 천배 더 낫다.

신령하지 못한 친구 관계는 달리기 선수가 크고 헐렁한 옷을 입고 경주하려는 것에 비유될 수 있다. 고대인들은 '토가'(toga)라는 옷을 입었는데, 목욕 가운을 입고 허리를 끈으로 질끈 동여맨 모습을 상상하면 된다. 평소에는 토가를 입고 걸어도 별문제가 없다. 하지만 발걸음 속도를 높이면 토가가 미풍에도 펄럭여서 앞으로 가는 것이 여의치 않다. 하물며 달리기에는 전혀 맞지 않는 옷이다. 경주할 때 선수들은 토가를 입지 않았고, 실크 모자를 쓰지 않았고, 심지어 지난 경주에서 승리로 얻은 면류관도 쓰지 않았다. 그들은 바람의 저항을 적게 받으며 달리기 위해 최대한 옷을 간소하게 입고 경주했다. 그런데 성령께서는 그리스도인들도 그래야 한다고 말씀하신다! 당신이 소중하게 여기는 친구 관계가 미풍에도 펄럭이는 토가처럼 영적 경주의 속도를 늦춘다면, 그것을 끊어버려야 한다.

사회적 습관

'사회적 습관'은 사람들 사이에서 완전히 견해가 일치하지는 않지만, 아마 당신은 무슨 말을 하는지 속으로 알 것이다. 이것들이 당신의 영적 삶을 어떻게 방해하는지도 알 것이다. 물론 반항적인 마음은 자신의 사회생활을 문제 삼는 것에 분개할 것이다.

어떤 사회적 습관이 그리스도인으로서, 적어도 신실한 그리스도인으로 살아가는 데 걸림돌이 된다면 그것을 과감히 버려야 한다. 이제 그리스도인이 되었으므로 당신이 회심하기 전에 아무 문제의식 없이 가졌던 사회적 습관 중 많은 것들을 버려야 한다. 그런 습관에 대해 아무리 조심해도 지나치지 않다.

독서 습관

뉴욕시 시장이었던 지미 워커(Jimmy Walker)는 '플레이보이 시장'으로 불렸다. 그는 항상 연미복에 실크 모자를 쓰고 다니며 상류층 사람들이 가는 클럽에 들락거렸다. 언젠가 그가 도서 검열 문제로 법정 증인석에 섰을 때 한마디 툭 내뱉은 말이 화제가 되었다. "누군가 책을 읽어서 파멸에 빠졌다는 말을 나는 들어본 적이 없습니다." 이 말을 놓칠 리 없는 언론은 그의 말을 전 세계에 보도했다. 그러나 자기 딴에는 명언이 되리라고 생각해서 한 이 말은 완전히 어리석은 말이었다!

물론 책을 읽고 파멸에 빠진 사람들이 있다! 어쩌면 지미 워커는 그런 사람들의 이야기를 듣지 못했을지도 모른다. 아마 칵테일을 마시러 다니느라 바빠서 그런 문제를 다룬 글들을 읽을 시간이 없었을 것이다. 사실 책이 사람에게 어떤 영향을 끼치는지는 누구나 잘 안다. 공산주의 사상이 담긴 책을 입수해서 읽은 젊은 대학생에게 그 책이 어떤 영향을 끼칠지는 불 보듯 뻔하다. 머지않아 그 책의 주장을 전폭적으로 받아들인 그의 두 눈이 활활 탈 것이고, 그는 나가서 공산주의자로 활동할 것이다.

성경을 잘 알지 못하는 단순하고 미약한 그리스도인이 여호와의 증인이 쓴 책을 읽으면 어떤 일이 벌어질지 누구나 알 것이다('여호와의 증인'이라는 표현은 잘못된 것이다). 그는 매우 혼란을 느끼다 또 다른 여호와의 증인의 책을 구해서 읽을 것이고, 결국에는 여호와의 증인을 만나서 얘기를 나눌 것이다. 그리고 머지않아 교회를 욕하고 예수님의 신성을 부인하며 "왕국이 도래할 것이고, 14만 4천 명이 구원을 얻을 것이다" 같은 이상한 소리를 늘어놓을 것이다. 그는 책을 읽고 그렇게 변한 것이다.

물론 나는 이와 반대되는 이야기들이 수백 명의 간증을 통해 돌아다닌다는 것을 잘 안다. 그들은 모텔에서 전도지, 전도용 소책자 또는 '기드온 성경'을 읽고 회심한 사람들이다.

우리의 독서 습관은 중요하다. 나의 이 말이 세상에서 지혜롭다는 사람들의 비웃음을 살 것이다. 학생들을 가르치는 교사와 부드러운 음성으로 말하는 교수들은 "책은 가리지 말고 다 읽어라"라고 권할 것이다. 물론 그들은 좋은 의도로 말한 것이지만, 자기들이 무슨 말을 하는지 모른다.

성장기에 나는 한 시인을 좋아하게 되었고, 영어로 번역된 그의 유명한 시 한 편을 즐겨 읽었다. 그것은 종교, 철학, 인생, 죽음, 그 밖의 중요한 문제를 다룬 시였다. 하지만 그 시를 쓴 사람은 그리스도인이 아니었다. 하나님을 아는 사람이 아니었다. 그 시는 아름답게 쓰인 걸작이었고, 영어 번역도 무척 아름답고 음악적이고 꽤 유려했기 때문에 나는 그것을 써서 다니며 외웠다. 지금도 그 시의 대부분을 암송할 수 있다.

그런데 나중에 하나님을 간절히 찾게 되었을 때, 나는 그 시가 믿음의 길에 방해된다는 사실을 알게 되었다. 다른 문제는 두고서라도 그 시는 믿음과 희망보다는 불신과 비관주의를 조장했다. 그리하여 나는 그 시가 실린 책 네다섯 권을 책장에 처박아두었고, 3년간 한 번도 읽지 않았다. 지금도 나는 그 시를 좋아하고, 그것이 걸작임을 인정한다. 그 시의 음악적 요소는 모차르트를 생각나게 할 정도이다. 하지만 나에게 방해가 되기 때문에 읽지는 않는다.

언젠가 나는 셰익스피어의 책을 더는 읽지 않는다고 말했고, 이 말을 어느 대학교수가 들었다. 그는 내가 셰익스피어를 더는 읽지 않는다는 것을 매우 통탄해했다. 마치 내가 암에 걸렸다는 듯이 또는 무슨 중대한 잘못이 있다는 듯이 말이다. 하지만 나도 예전에 '에이번의 시인'(the Bard of Avon, 셰익스피어의 별칭)의 책들을 읽었다. 그의 책을 종종 읽었지만, 지금은 거의 읽지 않는다. 왜냐하면 그에게서 그리스도를 볼 수 없기 때문이다. 문학의 관점에서 볼 때 그는 역사상 최고의 시인이었다. 그러나 아무리 고전적인 문학작품이라 해도 살인, 간음, 배신, 전쟁, 암살 같은 얘기들로 가득한 그의 작품에 푹 빠져 있으면 별로 좋을 게 없다. 그래서 나는 그의 작품들을 옆으로 제쳐놓았다. 물론 나는 "아무도 그것을 읽어서는 안 됩니다"라고 말하고 싶은 생각은 없다. 만일 학교에서 그것을 읽으라고 하면 읽어라. 그리고 그 책이 무슨 이야기를 하는지 알아라. 하지만 그것을 당신의 친구로 삼지는 말라. 언제나 나의 친구가 되어주는 것이 옆에 있는데, 그것은 바로 하나님의 말씀이다.

개인적 습관

돈 사용법, 식습관, 옷 입는 습관 그리고 이런저런 습관들이 개인적 습관에 속한다. 내가 이렇게 말하니까 "개인적인 일에 너무 간섭하는 것 아닙니까? 그런 것들은 당신이 신경 쓸 문제가 아닙니다"라고 이의를 제기할지도 모르겠다. 물론 내가 신경 쓸 문제는 아니지만, 당신이 아주 많이 신경 써야 할 문제이다! 당신은 나를 비웃으며 "당신은 아주 구식이군요"라고 말할지도 모르겠다. 하지만 당신의 개인적 습관은 당신이 그리스도와 함께 달리는 속도를 현저히 떨어뜨릴 수 있다. 내 발을 질질 끌게 만들어 경기장에서 달리기 속도를 떨어뜨리는 것이 있다면 나는 그것을 저 멀리 던져버려야 한다!

하나님이 함께하시지 않는 계획은 필요치 않다

하나님께서 주시지도 않은 계획을 스스로 세우는 주님의 자녀들이 아주 많다. 그런 계획은 하나님이 복을 부어주신 계획이 아니라 그들의 사적인 것이므로 그것을 실행에 옮겨도 그들의 삶을 망칠 뿐이다.

내가 본 사람 중에 이런 이들이 있었다. 한때 교회 일을 열심히 하고, 교회 위원회에서 봉사하고, 찬양을 인도하고, 간증도 하는 행복한 그리스도인들이었다. 사람들은 그들을 모범으로 생각하면서 "그리스도인이라면 저들처럼 살아야 하고, 일도 잘 풀려야 한다!"라고 말했다. 그런데 그들의 일은 잘되었지만, 그들은 그 비즈니스를 관리하느라 기도회에 자주 빠졌다. 그들의 표정은 밝지 않았고, 목소리에 기쁨이 없었고, 간증하고 싶은 마음도 사라졌다. 여전히 그리스도인이었지만 경주에서 패하고 있었다. 하나님께서 함께하시지 않는 계획에 발목이 잡혀 앞으로 나아가지 못했기 때문이다. 많은 물질을 가지고 하나님의 얼굴을 보지 못하는 것보다 적은 물질을 가지고 그분과 동행하는 편이 백배 더 낫다.

하나님이 복 주시지 않은 계획을 따라가면, 당신의 마음과 가정과 교회 안에서 일하기를 원하시는 그분을 가로막을 수 있다. 인생은 그렇게 한가하지 않다. 우리에게 남은 시간은 얼마 되지 않고, 심판은 피할 수 없고, 영원은 너무나 길다. 하나님은 지극히 놀라운 분이시고, 그리스도는 지극히 아름다운 분이시고, 천국은 지극히 영광스러운 곳이므로 삶의 어떤 것에 발목이 잡혀 믿음의 경주에서 패하면 안 된다.

오, 주의 이름으로 나아가네
날마다 해야 할 일을
생각하거나 말하거나 행하는 모든 것에
오직 주님만 알기로 결심하네

당신의 지혜가 맡기신 과업을
오, 내가 즐겁게 이루게 하소서
모든 일에서 당신의 임재를 발견하고
당신의 선하고 완전한 뜻을 드러내게 하소서

내 소명의 덫에 걸리지 않게 하소서

소박한 마음을 저 위에 감추시어,

숨 막히는 근심 걱정의 가시에 찔리지 않고,

세상 사랑의 반짝이는 미끼를 물지 않게 하소서

당신을 내 오른편에 두게 하소서

나의 가장 깊은 속을 보시는 당신을

당신의 명령에 따라 계속 수고하여

그 소산을 모두 당신께 바치게 하소서

당신의 쉬운 멍에를 지게 하시고

매 순간 깨어 기도하면서도,

영원한 것을 바라보고

주의 영광의 날을 향해 발걸음을 재촉하게 하소서

_찰스 웨슬리

〈오, 주의 이름으로 나아가네〉

믿음이 약해질 때
어떻게 해야 하는가?

너희가 피곤하여 낙심하지 않기 위하여 죄인들이 이같이 자기에게 거

역한 일을 참으신 이를 생각하라 너희가 죄와 싸우되 아직 피 흘리기까

지는 대항하지 아니하고 _히 12:3,4

회심한 지 얼마 안 된 많은 젊은이들이 자신과 자신의 믿음
에 대해 확신이 없는 상태에서 신앙의 여정을 시작한다. 그들
은 믿음을 갖기 시작했지만, 아직 온전한 확신에 이르지 못했
다. 그들은 이렇게 묻는다. "그리스도인의 삶, 즉 구원받은 자
의 삶이란 무엇인가? 그리스도인으로서 어떻게 살아야 하는지

배울 수 있는가? 나는 누구를 본받아야 하는가? 신앙생활에 싫증 내지 않으려면, 낙심하지 않으려면, 믿음에 관심을 잃지 않으려면 어떻게 해야 하는가?"

그 대답은 의외로 아주 간단한데, "그분을 생각하라!"이다. 즉, 예수님을 계속 생각하라는 것이다.

예수님을 계속 생각하라

우리는 예수님의 죽음과 부활에서 생명을 얻고, 또 그분의 삶을 보며 살아갈 용기를 얻는다. 우리를 격려하는 것은 예수님이 천국에서 사시는 삶이 아니라 그분이 이 땅에서 사신 삶이다. 그분이 어떻게 사셨는지를 앎으로써 어려움을 견디며 계속 살아갈 용기를 얻게 된다. 지치고 낙심될 때도 예수님의 지난 삶을 알면 마귀를 이기고 모든 장애물을 극복하고 계속 살아가게 된다. 그분도 피곤하여 사마리아 우물가에 앉으신 적이 있다는 것을 알면 우리의 피곤을 견디고 쫓아버릴 수 있다. 그러므로 우리는 그분을 생각해야 한다. 주 예수 그리스도를 계속 생각해야 한다.

예수님이 어떻게 사셨는지 알려면 성경을 읽고 배우고 묵상해야 한다. 나는 우리가 말씀을 읽는 것보다 묵상을 세 배 더 많이 해야 한다고 생각한다.

18세기 영국의 시인이자 비평가 새뮤얼 존슨(Samuel Johnson) 박사는 저녁 시간을 함께 보내자는 왕의 초대를 받았다. 당시 저명한 문호였던 존슨 박사는 왕이 사는 궁전으로 가서 왕과 함께 벽난로 앞에 앉게 되었다. 마침내 왕이 입을 열어 "박사님, 내가 보기에 박사님은 독서를 아주 많이 하신 것 같군요"라고 말했다. 그러자 존슨 박사는 벽난로의 불을 잠시 응시하며 생각하더니 "예, 폐하, 그렇습니다. 하지만 저는 사색을 더 많이 합니다"라고 대답했다.

우리가 사색과 묵상을 많이 해야 한다고 나는 믿는다. 묵상을 더 많이 하면 독서의 필요성이 줄어들 것이다. 말이 나온 김에 '속독'에 대해 한마디 해야겠다. 글을 읽을 때 당신의 머리에 아무리 많은 단어가 스쳐 지나간다 해도 머릿속에 남는 단어가 없다면 무슨 소용인가? 일주일 또는 한 달 동안 아무리 많은 책을 읽는다고 해도 머리에 남는 것이 없다면 무슨 소용이겠는가? 적게 읽고 경건한 마음으로 묵상을 많이 하면 많은 책을 읽을 때보다 더 많이 배우게 될 것이다.

언젠가 외경(外經)을 집어 들고 잠깐 읽었을 때 내 눈에 한 문장이 확 들어왔다. "때때로 인간의 마음은 망대에 서 있는

다섯 명의 파수꾼이 주는 정보보다 더 많은 정보를 준다"라는 내용이었다. 나는 더 읽지 않았다. 저자가 구체적으로 무엇을 염두에 두고 그 말을 했는지는 모르겠지만, 그 말 자체는 무척 마음에 들었다. 잡다한 일을 멈추고 하나님의 말씀을 읽고 깊이 묵상하면서 그 말씀에 푹 잠겨라. 그러면 망대에 서 있는 다섯 명의 파수꾼에게서 얻는 것보다 더 많은 정보를 얻게 될 것이다.

그러므로 우리는 예수님이 겪으신 일들을 생각하며 묵상해야 한다. 그리스도인들은 그분의 동생이라는 것을 기억하라. 그분은 우리를 형제라 부르시고, 그것을 부끄러워하지 않으신다. 예수님의 말씀에 따르면, 그분이 세상으로 보내심을 받은 것처럼 우리도 세상으로 보내심을 받는다. 물론 한 가지 차이는 있다. 그것은 그분이 독립적으로 홀로 감당하신 놀랍고 외롭고 영광스럽고 접근 불가한 사역이다. 그 사역은 우리가 감당할 수 있는 것이 아니다.

예수님이 의로운 분으로서 불의한 자들을 위하여 자신을 어린양으로 드리셨을 때, 십자가의 어두움 가운데 저 신비로운 것을 행하셨을 때 이루신 것은 무엇인가? 그것은 하나님께서 죄인들을 의롭다 하시고 반역자들을 용서하시는 것을 가능하게 한 속량이었다. 속량이 있었기에 그분은 죄로 인해 그분에게서 멀어진 사람들을 다시 그분의 마음에 품으실 수 있었다. 우리는 속량 사역에 전혀 참여하지 않고, 그렇게 할 수도 없다. 우리의 대제사장은 홀로 속량을 이루셨다. 하지만 그분이 이 땅에서 그리스도로서 행하신 다른 모든 일에는 우리가 그분의 형제로서 참여하기 때문에 그분의 길을 따라가야 한다. 주님의 가르침에 따라 우리는 그분이 이 땅에서 사셨던 대로 살아야 한다. 예수님이 하늘의 일들에 대해 증언하셨으므로 우리도 그렇게 해야 한다.

나는 종종 작은 단어가 큰 단어보다 힘이 세다는 것을 경험으로 배웠다. 예를 들면, 작은 단어라고 할 수 있는 '~처럼'(as)과 '그렇게'(so)라는 말에는 엄청난 힘이 있다. "당신이 나를 보내신 것처럼 그렇게 내가 그들을 보내었나이다"(요 17:18 참조, KJV 영어성경 사역)라는 말씀을 보자. 여기서 "당신이 나를 보내신 것처럼"(As thou hast sent me)이라는 말씀은 예수님 자신에 대한 말씀이고, "그렇게 내가 그들을 보내었나이다"(so have I sent them)라는 말씀은 우리에 대한 말씀이다. 결국 '그렇게'(so)라는 말이 '처럼'(as)이라는 말과 동등해지면 우리가 하나님의 뜻을 이루어드린 것이다. 이런 논리는 "아버지께서 나를 보내신 것처럼 그렇게 나도 너희를 보내었노라"
라는 말씀과 "그분이 세상에 계셨던 것처럼 그렇게 우리도 이
세상에 있다"라는 말씀에도 적용된다. 우리는 그분처럼 그렇
게 되어야 한다. 우리 삶의 '그렇게'가 그분 삶의 '처럼'과 같아
질 때 우리는 마땅히 있어야 할 곳에 있는 것이다.

우리가 하나님의 은혜에 힘입어 이루려고 애쓰는 것은 우리
삶의 '그렇게'를 그리스도의 삶의 '처럼'의 수준으로 끌어올리
는 것이다. 다른 말로 하면, '그렇게'와 '처럼'을 조화시켜 그분
처럼 사는 것이다. 예수님은 이 땅에서 증인으로 사셨고, 사람
들에게 빛이셨으므로 우리도 그렇게 되어야 한다. 그분이 세
상에 임하는 도덕적 심판이셨으므로 우리도 주위 사람들에게
그렇게 되어야 한다.

그리스도를 향한 세상의 적의

내가 볼 때, 세상이 구주를 향해 품은 적대적 감정은 인생
최대 불가사의 중 하나이다. 구주께서는 그분의 나라 사람들
에게 배척당하셨고, 제도화된 종교에 의해 정죄당하셨고, 조직
화된 정부에 처형당하셨다. 그리고 이 모든 것이 정당한 이유
없이 이루어졌다. 그리스도 자신도 "그들이 이유 없이 나를 미

위하였다"(요 15:25)라고 말씀하셨다.

종종 우리는 자신의 행위를 정당화하기 위해 변명을 생각해 내곤 한다. 이것을 '합리화'라고 부르는데, 이 합리화의 이면에는 나름의 동기가 숨겨져 있다. 우리는 특정 동기에 의해 어떤 행동을 하지만, 그 동기를 인정하고 싶지 않아서 핑계를 만들어낸다. 그런데 어떤 숨겨진 이유로 행동을 해놓고는 속이 빤히 들여다보이는 그럴듯한 이유를 둘러댄다. 사실 그것은 전혀 설득력이 없다.

사람들은 우리 주 예수 그리스도를 해치려고 온갖 일을 저지른 다음 합리화를 시도했지만, 그들의 모든 행동은 그분을 향한 증오에서 비롯되었다. 그들은 "그가 왕이 되려고 한다"라는 구실을 갖다 붙였지만, 그것은 솔직한 변명이 아니었다. 만일 예수님이 봉기를 일으켜 로마 황제를 타도하고 왕이 되셨다면 그들은 거리로 쏟아져 나와 춤추며 환호했을 것이다. 그들이 내세운 구실 중 대부분이 이렇게 솔직하지 못했으며, 그분을 향한 미움을 합리화하기 위한 핑계에 불과했다.

그런데 예수님은 "내가 그들을 위하여 비옵나니 내가 비옵는 것은 세상을 위함이 아니요 내게 주신 자들을 위함이니이다"(요 17:9)라고 말씀하셨다. 그분은 세상을 '잃어버린 것'으로 간주하여 포기하셨지만, 세상 곳곳에서 택하신 사람들을 잃어버린 것으로 간주하여 포기하신 것은 아니다. "내가 비옵는 것은 세상을 위함이 아니요"라는 말씀이 몇몇 사람들을 고민에 빠뜨린 것이 사실이지만, 이 말씀은 분명히 그분의 기도 중 일부이다.

예수님의 기도는 그분의 사람들을 위한 기도이다. "세상 중에서 내게 주신 사람들에게 내가 아버지의 이름을 나타내었나이다 그들은 아버지의 것이었는데 내게 주셨으며 … 아버지께서 나를 보내신 줄도 믿었사옵나이다"(요 17:6,8). 바로 이 사람들을 위해 예수님께서 대신 기도하신 것인데, 그분의 기도는 확실히 응답받는 기도이다. 우리의 대제사장이며 중보자이신 예수 그리스도는 성부 하나님의 우편에서 그들을 위해 기도하신다. 그분은 세상에 아무 기대를 하지 않으신다.

예수님의 말씀으로 미루어볼 때 세상은 점점 더 나빠질 것이고, 악인들과 미혹하는 자들이 교회 안까지 침투할 것이다. 그래서 예수님은 "인자가 올 때에 세상에서 믿음을 보겠느냐"(눅 18:8)라고 말씀하셨다. 그분은 저 큰 세상이 썩어갈 거라고 예상하셨다. 그렇다! 그분이 예견하신 대로 세상은 썩어가고 있다! 하지만 예수님에게는 그분이 세상에서 부르신 사람들이 있었다. 예수님이 기뻐하신 사람들, 즉 그분이 부르신 택한 자들은 그분의 것이다. 모든 족속과 나라에서 부름 받은 그들은 세상 끝날까지 이 땅에서 사라지지 않을 것이다.

세상은 그리스도인들에게 적대적이기 때문에 우리 그리스도인들은 적대적 환경에서 살아가고 있다. 이것을 잊지 말라. 우리는 모든 이들이 친구로 지내는 놀이터에서 노는 것이 아니다. 우리는 두 편이 원수로 살아가는 전쟁터에서 싸우고 있다. 두 영(靈)이 서로 대적하고 있다. 그리스도께서 이 땅에서 사실 때 내면의 자유를 누리셨지만, 사람들은 그분이 율법을 어긴다고 비난했다. 그분은 이스라엘에서 유일한 자유인, 즉 완전하고 철저한 자유인이셨다. 그리스도인으로서 우리는 무엇보다 내면이 온전히 자유로워야 한다.

내면의 자유를 얻으라

목회자의 어려움 중 하나는 병적인 사람들을 다뤄야 한다는 것이다. 내면이 자유롭지 못한 이들은 정신적으로 피곤하게 산다. 왜냐하면 스스로 세운 규칙들을 어기는 자신을 보면서 매우 피곤하기 때문이다. 예수님 당시 유대인들이 바로 그런 사람들이었다. 바리새인들과 권세 있는 자들이 그런 사람들이었다. 그러나 우리 주님은 이 땅에서 내면이 자유롭고 완전한 자유인으로서 사셨다. 그분은 죄지을 마음이 없으셨고, 하나님은 그 사실을 아셨다. 그리고 예수님은 하나님이 알고 계신다는 것을 아셨다. 그래서 어떤 행동을 하시든지 그분은 사과하시지 않았고, 걱정하시지도 않았다. 예수님은 그분 뜻대로 행동하셨는데, 그것은 장미가 아무 사과 없이 조용히 피어나는 것과 같았다. 장미는 그냥 피어날 뿐이다.

그렇게 주님은 내면의 삶을 사셨고, 그 삶은 외적으로 나타났다. 속에 있는 것이 밖으로 나타난 것이다. 그분의 존재가 그분의 행위가 되었다. 예수님은 이처럼 완전히 평안한 삶을 사셨고, 마음에 없는 말을 하지 않으셨고, 자신에 대해 걱정하지 않으셨다. 그런 그분을 오해한 사람들이 '율법 파괴자'라고 말한 것은 당연했다.

예수님과 제자들이 들판을 가로질러 가고 있었다. 이미 먼 길을 여행해서 제자들은 배가 고팠고, 내가 어릴 적에 수백 번 했던 행동을 했다. 몸을 굽혀 밀의 이삭을 잘라 손으로 비벼 껍질을 벗겨 먹었다! 그것을 보고 바리새인들은 "저들이 어찌하여 안식일에 하지 못할 일을 하나이까"(막 2:24)라고 지적했다. 안식일에 곡식의 껍질 벗기는 것을 트집 잡다니! 그들이 그토록 비열한 것은 그들의 속마음이 병들었기 때문이다!

그러나 예수님과 제자들은 내면적으로 자유로웠다. 그분은 사람들에게 내면의 자유를 주시려고 했다. 예수님은 하늘에 계신 주 하나님께서 바리새인 같은 분이 아니시라는 것을 잘 아셨다. 주 하나님께서 까다롭고 위선적인 분이 아니시라는 것을 알았기 때문에 그분은 '제대로 된 저녁을 먹기까지 시간이 많이 남은 지금 내 제자들이 몸을 굽혀 밀의 이삭을 잘라 비벼서 입에 한가득 넣고 우적우적 씹어 먹어도 되는가?' 하고 고민하지 않으셨다.

자유로운 그리스도인들은 그들의 자유를 이해하지 못하는 주변 사람들 때문에 곧잘 어려움에 처했다. 사람들이 볼 때 그들의 자유는 자유가 아니었다.

내 선한 친구 톰 헤어가 어느 날 철야기도를 하고 있었다. 그는 자주 철야기도를 했는데, 일주일에 두세 번은 했다. 그런데 그날은 한 무리의 사람들이 그와 함께 기도했다. 밤을 꼬박 새우는 기도였다. 밤 한 시쯤 되었을 때 아일랜드 사람 톰은 갑자기 차가 너무 마시고 싶어서 밖으로 나가 차 한 잔을 탔다. 그런데 다른 사람들은 그가 죄를 지은 것이라고, 정말 해서는 안 되는 행동을 했다고 느꼈다. 금식을 한다는 사람이 차를 마셨다고 생각했다. 그러나 나는 그렇게 생각하지 않는다. 하나님과 그의 관계가 매우 좋았다는 것을 생각할 때, 그런 상황이라면 하나님께서 그에게 차 한 잔을 타 주셨으리라고 생각한다. 그는 내면적으로 완전히 자유로운 사람이어서 차 한 잔 마시는 것이 전혀 문제가 안 된다고 느꼈다.

만일 당신이 어떤 것에 속박되어 있다면 그에 따르지 않을 때 양심의 가책을 느낄 것이다. 그러나 당신이 오직 하나님의 사랑에만 속박되어 있고 그 밖의 모든 것에 자유롭다면, 당신이 행하는 모든 것은 문제가 안 된다. 왜냐하면 그것들을 사랑으로 행했기 때문이다. 하나님의 사랑에 속박되는 것은 온 세상과 바꿀 수 없는 복되고 기쁜 것이다.

하나님의 사랑에만 속박된 삶

하나님의 사랑에 속박되어 사셨던 분이 바로 그리스도이시다. 이것은 세상의 생각(정신)과 정반대되는 삶이다. 세상의 생각에는 자유가 없고 오직 속박만 있다. 그 속박은 자아와 죄와 마귀에, 도덕적 계율과 종교에 얽매어 있는 것이다. 사실 이런 속박들은 하나님에게서 온 것이 아니다. 이런 것들에 얽매인 자들은 예수님에 대해 "그가 율법을 어기고 사람들을 잘못

이끌고 있다"라고 비난하면서 그분을 판단했다. 그러나 예수님은 하나님과 친밀하고 깊은 관계 속에서 사셨다. 예수님이 하나님에 대해 말씀하시는 것을 들으면, 실제로 잘 아는 분에 대해 이야기하신다고 느낀다. 그분은 "내 아버지는 언제나 내 말을 들으신다"라고 말씀하셨다. 인자(人子)는 아버지 품속에 계신다. 예수님은 어린 소년이 자기 아빠에 대해 말하듯이 친근하게 아버지에 대해 말씀하셨다. 어린 소년이 자기 아빠에 대해 말할 때 그 아빠가 얼마나 대단한 사람인지는 중요하지 않다. 사실 그 아이는 자기 아빠가 정말 위대한 사람인지 알지 못한다. 그 아이는 단지 "이분이 제 아빠예요"라고 말할 뿐이다. 이 부자 사이에는 놀랍도록 친근한 대화가 이어진다.

성부와 성자 사이에는 비밀이 없고, 두 분의 관계는 지극히 편안하고 한없이 깊다. 주 예수 그리스도께서는 그분의 마음에서 나오는 것이라면 무엇이든지 자유롭게 행하실 수 있었다. 예수님은 그분 자신이 하나님을 사랑하신다는 것을 아셨다. 그분은 '하나님의 계시된 뜻'이라는 무한한 큰 틀 안에 사셨다. 그러나 사람들은 그것을 보지 못하고, 자기들만의 작은 계율에 묶여 십계명에다 365개 이상의 계명들을 덧붙였다. 365개 이상이라면 하루에 하나이다! 그들은 하나님께서 주신

10가지 계명만큼이나 그것들을 중요시했다. 우리 주님께서 그런 종교에 둘러싸인 세상에서 사셨으므로 주님은 그들에게 낯선 분이었고, 그들 또한 주님께 낯설었다.

주님이 유대인 동정녀 마리아에게서 태어나셨기 때문에 그들 중 하나이셨던 것은 사실이지만, 그들의 종교는 예수님과 그들 사이를 갈라놓았다. 왜냐하면 예수님이 그들이 만든 종교적 계율에 따라 살지 않으셨기 때문이다. 예수님은 하늘에 계신 아버지와 세상을 향한 사랑의 마음이 이끄는 대로 자연스럽게 사셨다. 바로 그 점 때문에 사람들이 그분을 미워했다. 내가 여기서 말하고 싶은 것은, 당신이 육신의 사람이 될수록 세상 어려움을 덜 겪고, 당신이 신령해질수록 세상은 그런 당신을 더욱더 핍박할 것이라는 말이다.

그리스도는 다른 세상에 속하셨고, 그리스도인들도 그렇다. 우리는 어둠의 나라에서 '그의 사랑의 아들의 나라'(골 1:13)로 옮겨졌는데, 이 두 나라는 서로 화목할 수 없다. 이것은 그리스도인이라면 마땅히 알아야 할 기본 진리 중 하나이다. 이 진리를 모른다면 당신에게 남는 것은 사교적이고 종교적인 교회뿐이다. 부분적으로 사교적이고 종교적인 교회는 사교적 활동에 의존해 유지된다. 그러나 그리스도인은 전혀 다른 영역에 속한다. 그는 어둠의 나라에서 빠져나와 빛의 나라에 있다. 이 땅에서 그는 자신과 같은 체험을 한 사람들과 어울리며 교제한다. 그러므로 세상에서 신실한 그리스도인들 사이에서 이루어지는 교제는 보통의 종교적 교회에서 이루어지는 교제와 다르다.

이 둘 사이의 차이는 이토록 크다. 신령한 사람에게는 세상이 무시하는 보화가 있다. 그에게는 성령의 신비로운 지혜가 있지만, 세상에는 그것을 볼 수 있는 눈이 없다. 예수님은 성령에 대하여 "그는 진리의 영이라 세상은 능히 그를 받지 못하나니 이는 그를 보지도 못하고 알지도 못함이라"(요 14:17)라고 말씀하셨다. 청각 장애인이 소리를 받아들일 수 없고, 시각 장애인이 빛을 받아들일 수 없듯이 세상 사람에게는 성령이 주시는 신비로운 지식의 보화가 없다.

그러므로 그리스도인이 확신에 차서 "내게는 신비로운 지식의 보화가 있습니다"라고 말할 때 세상이 그에게 분개하는 것은 당연하다. 심지어 종교인들조차 그에게 분개한다. 세상은 그가 편협한 사고에 사로잡혀 과대망상에 빠져 있다고 말하지만, 그에게는 보이지 않는 성령이 계시다. 세상은 하나님으로부터 오시는 성령을 받을 수 없다. 그리스도인은 그분의 음성을 듣고, 빛을 보고, 회개하고 주 예수 그리스도를 믿을 수 있지만, 세상은 종교의 차원에 머물 뿐이다.

주 안에서 승리하라

오늘날 복음주의적 교회가 말 그대로 기독교적인 교회가 되면 좋겠다. 그리스도의 교회가 아닌 교파의 교회로서 죽은 전통에 의해 굴러가는 교회, 마치 엔진이 꺼져 가속도의 힘으로만 굴러가는 트럭 같은 교회는 이제 일어나 수의(壽衣)를 벗어버려야 한다. 우리는 놀랍도록 아름답고 진지한 그리스도인의 삶을 시작해야 하고, 성령이 내주하시는 사람들이 되어야 한다. 우리가 과거에 주님을 미워했고, 현재 우리를 미워하는 세상에 둘러싸여 살아가는 소수의 무리임을 깨달아야 한다. 우리가 예수님을 거부하지 않고 그분을 위해 주님처럼 산다면 그분이 우리를 품고 받아들여 사용하실 것이다.

그리스도인으로서 살아갈 때 지치지 않으려면 어떻게 해야 할까? 그것은 내가 무엇을 위해 여기에 있는지를 기억하면 된다. 나는 어려움을 건뎌내기 위해 여기에 있다. 세상과의 마찰을 건뎌내기 위해 여기에 있다. 내 주님처럼 되기 위해 여기에 있다. 그분이 이 세상에서 사셨듯이 나도 이 세상에서 살기 위해 여기에 있다. 주님이 배척당하셨으므로 나도 배척당할 것이다. 그분이 미움을 받으셨으므로 나도 그럴 것이다. 세상이 그분을 이해하지 못했으므로 나도 이해하지 못할 것이다.

내가 이렇게 말하니까 누군가 "당신은 우울하군요. 생각이 치우쳤습니다"라고 말하며 내 말에 반론을 제기할지도 모르겠다. 그 사람이 이렇게 말하는 이유는 턱을 쓰다듬으며 기운 내라는 말을 들어야만 힘을 얻고 살아갈 수 있는 시대를 살아가기 때문일 것이다. 그러나 나머지를 마저 읽어보자.

"이러므로 하나님이 그를 지극히 높여 모든 이름 위에 뛰어난 이름을 주사 하늘에 있는 자들과 땅에 있는 자들과 땅 아래에 있는 자들로 모든 무릎을 예수의 이름에 꿇게 하시고 모든 입으로 예수 그리스도를 주라 시인하여 하나님 아버지께 영광을 돌리게 하셨느니라"(빌 2:9-11).

예수님은 마음의 준비를 단단히 하셔야 했고, 그분을 미워하는 세상에서 사는 피곤함을 이겨내셔야 했다. 가장 낮은 자리에 이르기까지 계속 삶을 이어가셔야 했다. 그러나 가장 낮은 곳에 이르셨을 때 하나님은 그분을 높이시어 가장 높은 곳에 이르게 하셨다. 즉, 하나님 아버지의 우편에 앉게 하셨고, 하늘에 있는 자들과 땅에 있는 자들과 땅 아래 있는 자들 모두 예수의 이름에 무릎 꿇게 하셨고, 모든 입으로 예수 그리스도를 주라 시인하여 하나님 아버지께 영광을 돌리게 하셨다.

사랑하는 그리스도인이여, 주님이 이 세상에 계셨듯이 우리도 지금 이 세상에 있다. 우리가 부름 받은 것은 이 땅에서 시련을 당하든, 조금 수고하든, 갈등과 실망과 슬픔에 빠지든, 거부당하든 간에 오로지 그분을 따르게 하기 위함이다. 주님이 만족하실 만큼 우리가 그분을 따랐을 때 주님은 이 세상에서도 우리를 높여 영광스러운 능력과 빛과 유의미한 자리에 이르게 하실 것이다.

물론, 최종적 영광은 다가올 세상, 곧 영원한 나라에 있다. 하나님께서 우리를 도우서서 지치지 않고 수고하기를 바란다. 주님 안에서 승리한 주님의 모든 성도에게 장차 상급이 주어질 것이다.

나는 십자가 군사인가?

어린양을 따르는 자인가?

그분의 진리를 인정하는 게 두려운가?

그분의 이름을 말하는 게 부끄러워 낯을 붉힐까?

나만 편안한 꽃 침대에 누워

저 높은 하늘로 들려져야 하는가?

다른 이들은 상을 얻기 위해 싸웠고

피로 물든 바다를 항해하지 않았는가?

내가 맞서 싸울 적들은 없는가?

밀물처럼 밀려드는 그들을 막아야 하지 않는가?

이 악한 세상이 나를 도와

하나님께 나아가게 하는 은혜의 친구인가?

왕 노릇을 하려면 반드시 싸워야 하네

주여, 나를 더욱 담대하게 하소서!

당신 말씀의 힘으로

수고를 견디며 고통을 참으리니

이 모든 영광스러운 전쟁에서

당신의 성도들이 비록 죽을지라도 승리하리니

그들의 믿음과 분별의 눈에는

승리가 멀리서도 보이네

저 영광의 날이 찾아오고

승리의 옷을 입은 당신의 모든 군대가

온 하늘에 빛을 발할 때

당신께 영광을 돌릴 것이라

_아이작 왓츠

〈나는 십자가 군사인가?〉

성경적 제자도 훈련이
불같이 일어나야 한다

무릇 징계가 당시에는 즐거워 보이지 않고 슬퍼 보이나 후에 그로 말미
암아 연단받은 자들은 의와 평강의 열매를 맺느니라 _히 12:11

이 세대는 지금껏 '제자도'(discipleship)의 교리를 소홀히 해
왔다. 제자도에 대해 진지하게 듣고 싶어 하는 사람이 별로
없다. 지금 우리는 그리스도의 제자로서 살아가는 것을 강조
하지 않고, 그리스도를 믿음으로써 가까스로 얻는 구원을 강
조할 뿐이다. 물론 나는 '주 예수 그리스도를 믿으라'는 메시
지를 과소평가하고 싶지 않다. 이 메시지는 그리스도인의 삶

에서 매우 중요한 것이다. 이것 말고 우리에게 다른 메시지는 없다.

사람이 주 예수 그리스도를 믿고 나면 새롭고 놀라운 삶이 그 앞에 펼쳐진다. 그런데 바로 이 시점에서 많은 이들이 신학적 수렁에 빠진다. 신학은 주 예수 그리스도를 믿는 것을 그토록 강조하지만, 그 밖의 다른 것은 강조하지 않는다. 신학은 "구원을 얻으라. 그러면 다른 무엇도 신경 쓸 필요 없다"라고 말한다. 그러다 보니 사람들은 그리스도를 믿기 이전의 삶으로 돌아가 그때처럼 살아도 된다고 생각하고 만다. 그렇다면 변화는 없는 것인가? 주 예수 그리스도에게 온전히 헌신하는 삶은 없는가?

천국을 준비했는가?

내가 약간 충격적으로 들릴 수 있는 말을 하더라도 이해해 주기 바란다. 간단히 말해, '구원을 받으면 천국에 갈 준비가 자동으로 된다'는 믿음은 잘못된 것이다. 이 말을 듣고 망치로 뒤통수를 맞은 것 같다고 느낄 사람이 아주 많을 것이다. 그렇다면 지금 내가 무슨 말을 하려는 것인지 자세히 설명하겠다.

이 설명을 위해 한 가지 예를 들어보자. 예비 부모가 적어도 9개월을 기다린 후에 이 세상에 태어난 아기를 생각해보라. 마침내 그들의 첫아기가 건강한 모습으로 이 세상에 나왔다. 얼마나 놀라운 일인가! 나와 내 아내는 슬하에 일곱 아이를 두었다. 아기가 가족의 일원으로 태어나는 것은 정말 가슴 설레는 일이다!

그러면 아기가 태어난 후에 부모는 무엇을 하는가? 아기 아빠가 아기에게 "좋다! 얘야, 네가 태어난 지 일주일이 되었구나. 이제는 밖에 나가 네 밥벌이를 해야 할 때다!"라고 말할까? 참으로 어처구니없는 말이다!

이 아기가 100퍼센트 인간인 것은 맞지만, 세상에 나가서 어떤 일을 할 수 있는 상태는 전혀 아니다. 밖에 나가 일자리를 얻어 생활비를 벌 능력이 아기에게는 조금도 없다. 그럴 준비가 전혀 되어 있지 않다. 지금 이 말은 인간으로서 존엄성을 깎아내리기 위한 말이 아니다. 내가 하고 싶은 말은 아기가 세상에 나가 살아갈 준비가 되어 있지 않다는 것이다.

이와 마찬가지로 예수 그리스도께 와서 그분을 구주로 믿게 된 사람은 100퍼센트 그리스도인이지만 천국에 갈 준비가 완전히 되어 있는 것은 아니다. 이 사람 앞에 기다리고 있는 것은 천국에 갈 준비를 하는 평생에 걸친 제자도의 훈련과정이다.

이 시점에서 누군가 내 말을 가로막으며 "그렇다면 십자가 강도는 어떻게 설명해야 합니까?"라고 질문할지 모르겠다. 또는 누군가 "죽음을 목전에 두고 그리스도를 구주로 영접하는 기도를 한 후 몇 시간 있다가 죽은 사람의 경우는 어떻게 설명해야 합니까?"라고 물을지도 모르겠다. 이런 사람들에 대해서는 뭐라고 말해야 할까?

성경은 "누구든지 주의 이름을 부르는 자는 구원을 받으리라"(롬 10:13)라고 분명히 말씀한다. 예수님에 관해 세세히 다 알지 못하면서도 그분을 신뢰한 십자가 강도가 구원을 얻은 것은 사실이다. 임종을 앞두고 죽어가는 사람의 신앙고백도 물론 진실한 것이다. 그러나 이런 것들은 예외적인 경우들이다.

사람이 간신히 천국에 들어가는 것이 하나님의 계획은 아니다. 물론 나도 간신히 천국에 들어가는 사람이 많다고 믿지만, 하나님의 계획은 우리가 그리스도인이 된 후에 제자도 훈련을 거쳐 이 세상에서 온전히 하나님이 원하시는 존재가 되는 것이다. 이전 세대 설교자들은 '현재 삶이 천국을 위한 준비이자 예행 연습'이라고 설교했다. 그리스도인의 삶의 성장과 발전은 천국을 대비하여 준비하는 필수 과정이다.

제자도 훈련은 지금도 진행되며, 점진적으로 단계를 밟아가는 것이다. 어린아이를 키울 때 처음부터 아인슈타인의 상대성 원리를 가르치지는 않는다. 처음에는 아주 초보적인 것들을 가르치고, 그다음에는 그것을 기초 삼아 다른 것을 더 가르친다. 아이가 학교에 들어갈 나이가 되면 1학년부터 시작하지 6학년부터 시작하지 않는다. 1학년, 2학년, 3학년, 차근차근 밟고 올라가 결국에는 고등학교도 졸업하게 된다. 제자도 훈련도 이렇게 점진적으로 진행된다.

새롭게 그리스도인이 된 사람은 아주 기본적인 것부터 시작해 한 단계, 한 단계씩 하나님의 일들을 깊이 깨닫고 결국에는 온전한 자녀로 성장하게 된다.

인스턴트 기독교를 전하지 말라!

바로 이런 제자도 훈련을 히브리서 12장에서 다룬다. 만일 우리가 회심하는 순간에 천국과 미래와 그 밖의 모든 것이 다 준비된다면, 훈련 기간을 거칠 필요 없이 천국으로 직행할 것이다. 그러나 회심했다고 해도 그 준비가 완벽하게 되는 것은 아니다. 물론 신학적으로 말하자면, 우리는 준비되어 있고 영생이 있다. 그러므로 천국에 간다. 우리의 이 권리를 부정하고 싶은 생각은 추호도 없다. 어떤 사람이 임종 때 예수님을 의지하고 믿은 다음에 눈을 감고 세상을 떠난다면, 주님이 계신 곳으로 가게 된다.

그러나 그런 사람이 사자 굴이나 극렬히 타는 풀무 불에서 살아나온 믿음의 영웅들 또는 교수형이나 화형을 당해 순교한 신앙 위인들과 똑같은 영적 수준에 이르렀다고 말하는 사람은 하나님의 계획을 전혀 모르는 것이다. 복음주의적 기독교가 오늘날 이처럼 엉망인 이유는 우리가 고통 없는 '인스턴트 기독교'(instant Christianity)를 전하기 때문이다. 우리는 인스턴트 기독교에다 뜨거운 물을 붓고 두 번 휘저은 다음에 전도지를 들고 전도하러 나간다. 그리고 사람들에게 "보십시오! 기독교는 바로 이런 것입니다. 구원을 얻은 사람은 즉시, 자동적으로 완전해집니다"라고 말한다. 교인들에게 전도지를 한 묶음씩 쥐여주고 세상으로 보내면서 "가서 세상을 복음화하십시오"라고 말하면 우리의 일이 다 끝났다고 생각하기 때문에 기독교가 이처럼 엉망이다.

물론 나는 세상을 복음화하는 것에 찬성한다. 그러나 지금 우리가 하는 것들 중에 어떤 것은 다시 생각해보아야 한다. 오늘날 많은 이들이 기독교가 '자동적인 것'이라고 주장하지만, 사실은 그렇지 않다. 이런 잘못된 주장 때문에 오늘날 전도에 힘쓰는 교회들이 별로 없는 것 같다.

어떤 이들은 주님의 일을 한다고 밖에 나가 애를 쓰지만, 주님의 일을 어떻게 해야 할지 전혀 알지 못한다. 그러다 보니 기독교 단체들은 세상의 방법을 배워서 사용한다. 성경의 방법을 배우지 못한 것이다. 어떤 사람은 세상에 푹 빠져 살다가 갑자기 그리스도인이 되어 세상 방법밖에 모른다. 결국 그는 세상에서 사용하던 방법들을 그대로 사용하여 하나님나라를 확장하려고 발버둥 치지만, 그런 방법은 통하지 않는다.

이런 잘못된 방법들을 사용하다 보니 오늘날 우리에게 남은 것은 보통 수준의 영성에 머물고 마는 복음주의적 근본주의 기독교 교단들이다. 한편으로 성경을 일부 끌어오고, 다른 한편으로 세상을 일부 끌어다가 둘을 합쳐놓은 것이 흔히 볼 수 있는 보통의 교회들이다.

나도 민주주의를 믿는다. 좋다! 나는 민주주의가 역사상 최고의 정부 형태라고 믿는다. 민주주의 국가가 다른 정부 형태로 바뀌는 것을 보고 싶은 마음이 조금도 없다. 그러나 민주주의라고 해서 완전한 것은 아니다.

어떤 사람들은 1년 내내 일하고 낚시하고 세차하고 텔레비

전을 보고 골프를 치지만, 뉴스를 보지 않고 신문도 읽지 않기 때문에 자기 주(州) 상원의원의 이름조차 모른다. 이런 사람들은 그 상원의원이 벽에 기댄 채 총을 맞는 사건이 일어난다 해도 그의 이름을 말하지 못할 것이다. 그래도 투표할 때가 되면 어깨를 펴고 가슴을 내밀고 투표소로 간다. 그들은 투표하기 위해 얼마나 준비했을까? 아마도 호텐토트(남아프리카의 미개 인종) 사람만큼 준비했을 것이다! 민주주의라는 것이 그런 것이다! 그런 민주주의는 이상적인 민주주의도 아니고 최선의 민주주의도 아니고 마땅히 존재해야 할 민주주의도 아니다. 그런 사람들의 민주주의는 100퍼센트 참된 민주주의가 아니며, 비극적인 결과를 낳을 뿐이다. 투표할 준비가 전혀 되어 있지 않은 사람들이 국가의 미래를 결정하다니! 그러다 보니 우리의 민주주의는 보통 수준밖에 안 되는 민주주의, 즉 '보통 사람들의 낙원'에 머물고 마는 민주주의이다.

그러나 저 위에 있는 천국은 그렇지 않을 것이다. 비록 은혜가 우리를 법 앞에서 평등하게 해주지만 은혜는 사람들 사이의 차이를 없애지 않고, 텅 빈 머리 위에 면류관을 씌우지 않고, 자격 없는 자들에게 상급을 주지도 않는다. 하나님은 자기 백성의 순종, 희생, 충성, 고난의 섬김 그리고 동기를 간과

하지 않으신다. 그들을 준비시키실 때 그리고 장차 만물이 완성되어 그들에게 상급을 주실 때 그 모든 것을 고려하신다.

하나님이 인류를 향해 품으신 기대

많은 이들이 하나님나라에서 보지 못하는 것은 그분이 인류를 향해 품고 계신 큰 기대이다. 하나님이 우리를 창조하신 후에 우리에게 등을 돌리고 떠나셨기 때문에 우리가 무의미한 세상에서 목적 없이 살아가는가? 그렇지 않다! 하나님은 우리 각 사람을 향해 놀라운 계획을 갖고 계신다. 그리고 그 계획에 따라 이 땅에서 우리를 준비시키신다.

우리 각 사람을 위해 하나님이 무엇을 예비하셨는지 알려면 그분에 대해 좀 더 알아야 한다. 하나님이 예비하신 것이 있음을 알기에 우리는 진화론을 믿을 수 없다. 하나님께서는 피조 세계의 태엽을 감아놓은 다음 그 세계가 스스로 굴러가도록 두시지 않았다. 하나님의 모든 창조 뒤에는 그분의 사랑과 은혜의 마음에서 비롯된 목적이 있다. 이것을 모르면 그분이 각 사람에게 품으신 높고 거룩한 계획을 오해하게 된다.

각 사람을 향한 하나님의 계획은 아담과 하와가 죄를 범했을 때 파괴되었다. 인간의 타락으로 인류가 부패했고, 그 결과 하나님께서는 사람들을 향한 계획을 잃고 마셨다. 때때로 우리는 죄를 인간의 관점에서 바라본다. 그러나 죄가 하나님께 어떤 영향을 끼쳤는지 조금이라도 생각해보라. 하나님은 죄 때문에 피조 세계를 향한 궁극적인 목적을 잃어버리셨다. 사실 창조 때 인간에게는 거룩한 목적이 부여되었다.

인간을 하나님이 목적하신 자리로 다시 이끌어준 것은 속량이다. 사람이 거듭나면 그분의 목적으로 충만한 삶을 살게 된다. 그 목적은 거룩한 제자도 훈련을 성실히 받다가 하나씩 드러난다. 제자도 훈련에는 하나님의 뜻과 말씀에 순종하는 것이 포함된다.

회심하여 새 본성을 갖게 된 후에도 우리가 여전히 '들나귀 새끼'(욥 11:12)의 아들과 딸 같은 존재임을 하나님은 잘 알고 계신다. 그렇다! 회심한 후에도 우리 안에는 길들지 않은 거친 마음이 있다. 이 마음은 훈련받고 가르침을 받아 그분의 뜻에 합당한 마음으로 바뀌어야 한다. 시대적, 민족적 한계로 인한 어쩔 수 없는 무지가 우리 안에 있기 때문에 하나님이 우리를 가르치셔야 한다. 하나님께서 깨뜨리고 길들이고 훈련하셔야 할 완고함이 우리 안에 있다. 그분이 바꿔놓으셔야 할 게으름이 우리 안에 있다. 그분이 십자가에 못 박으셔야 할 자기 사랑이 있다. 또한 주님은 우리에게 순종을 가르치셔야 한다. 우리의 조상 아담은 그분께 순종하기를 거부하고 죄를 지어 타락했고, 우리 모두 아담 안에서 타락했고, 순종하기 싫어하는 마음을 물려받았다.

어릴 적 나는 '순종'이 계집애 같은 사내아이나 심약한 자들에게 어울린다고 여기는 분위기의 가정에서 성장했다. 내 아버지는 농장을 떠나 고무공장에서 일할 때 작업감독이 무슨 일을 시키면 모욕당했다고 생각할 만큼 자존심이 강했다. 작업감독이 이래라저래라하는 것을 싫어했다. 그러나 내 아버지에게 일을 시킨 사람은 누구였는가? 그는 돈을 받고 특정한 일을 하도록 고용된 사람이었다. 내 아버지가 하는 일이 무엇이든 간에 그 작업감독은 월급을 받으며 아버지에게 일을 시키면 그만이었다. 지금 나는 두 사람 중 누가 옳은지 따지자는 것이 아니다. 다만 내가 말하고 싶은 것은 내 아버지의 경우가 자존심을 지나치게 내세우는 개인주의를 보여준다는 점이다.

지금도 내 아버지 같은 사람들이 있는데 바로 그리스도인들이다. 좀 더 자세히 말하자면, 길들지 않은 초원의 나귀 새끼 같은 그리스도인들 말이다. 그들은 목회자가 마음에 들지 않으면 길 건너 다른 교회로 옮긴다. 그런데 그 교회 목회자의 어떤 점이 마음에 안 들면, 다시 두 블록 내려가 다른 교회에 출석한다. 그러다 그 교회마저 싫으면 길 건너 건물에서 개척 교회를 시작한다. 그러므로 멍에를 메는 것이 어떤 느낌인지 체험해보지 못한 초원의 나귀 새끼처럼 제멋대로 날뛰는 그리스도인들이 생길 수밖에 없다. 성경의 은유를 사용하자면, 주인의 음성을 모르고 낯선 이들의 음성을 따라가다가 양털을 빼앗기고 마는 양 같은 그리스도인들이 나올 수밖에 없다.

주님은 제자의 길을 가라고, 즉 십자가의 제자가 되라고 말씀하신다. 그분은 "누구든지 나를 따라오려거든 자기를 부인하고 자기 십자가를 지고 나를 따를 것이니라"(마 16:24)라고 말씀하셨다. 제자의 길을 가는 것이 그렇게 힘들지는 않다. 왜냐하면 "내 멍에는 쉽고 내 짐은 가벼움이라"(마 11:30)라고 주님이 말씀하셨기 때문이다.

징계가 없으면 사랑도 없다

우리 아버지 하나님의 집에는 막대기가 있다. 물론 '막대기' 비유가 기분 좋은 비유는 아닐 것이다. 하지만 목자 손에 있는 막대기는 가정에 있는 막대기와 그 의미가 다르다. 우리가 징계를 받지 않는다면 아버지의 참 자녀가 아니다. 우리에게 징계가 없다면 우리는 바뀌치기한 아이일 뿐이고, 누구도 우리의 아버지라고 나서지 않을 것이고, 우리를 원하거나 돌보시는 아버지는 없을 것이다. 그러므로 히브리서 기자의 말에 "아버지께서 너를 자녀로 인정하시고 돌보아주시기를 원한다면 그분의 징계에 복종해야 한다"라는 뜻이 담겨 있다고 보아야 한다. 히브리서 기자는 육신의 아버지의 징계를 예로 든 다음 "무릇 징계가 당시에는 즐거워 보이지 않고 슬퍼 보이나 후에 그로 말미암아 연단받은 자들은 의와 평강의 열매를 맺느니라"(히 12:11)라고 가르친다.

여러 해 전에 사람들이 매우 사랑하는 고령의 설교자가 있었다(그는 지금 천국에 있다). 그의 이름은 버디 로빈슨이었는데, 모두가 친근하게 '버디'라고 불렀다. 그는 당대의 위대한 설교자 중 한 사람이었다. 언젠가 그는 이렇게 말했다. "내 어머니는 내가 아는 가장 애국적인 여성 중 한 분이셨습니다. 내가 잘못했을 때 어머니는 나를 자신의 무릎 위에 올려놓으셨고, 내 눈에는 이내 별이 보였습니다. 그런데 그걸로 끝나지 않았습니다. 어머니가 나를 무릎에서 바닥으로 내려놓으셨을 때 내 몸은 시퍼렇게 멍들어 있었습니다."

버디 어머니의 징계가 지나치다고 말할 수 있지만, 버디에게는 효과가 있었다. 결국 위대한 설교자 중 하나가 되지 않았는가? 눈에 별이 보이는 것을 좋아하는 사람은 없지만, 그런 체험은 '의와 평강의 열매'를 맺는다.

'의와 평강의 열매'를 생각하는 것은 아름다운 일이다. 그런데 많은 이들이 제자도 훈련에 대해 잘못 생각하고 있다. 그 이유는 우리 아버지와 우리의 관계를 제대로 이해하지 못했기 때문이다. 아마도 하나님이 우리를 너무 가혹하게 훈련하신다고 생각했을 것이다. 물론 그 생각이 맞을 수도 있다. 그러나 하나님의 징계는 사랑의 마음에서 흘러나온다. 그분은 신자들의 기쁨을 파괴하는 그 어떤 일도 행하시지 않을 것이다. 그런 일을 행하는 것은 세상과 육신과 마귀이다.

하나님의 관점에서 제자도 훈련은 우리의 삶이 그분의 생명과 조화되도록 만드는 것이다. 성삼위, 즉 성부 하나님과 성자 하나님과 성령 하나님은 이 조화에 완전히 동의하신다. 하나님이 원하시는 것은 이미 존재하는 그분의 조화 속으로 우리를 끌어들이는 것이다.

나는 이 세대에 성경적 제자도 훈련이 어떻게든, 어떤 방법으로든 다시 불같이 일어나기를 기도한다. '아, 나는 장차 천국에서 어떻게 살지 이 땅에서 배우는 아버지 집의 자녀구나!'

라는 깨달음이 그분의 사람들에게 임하기를 간절히 기도한다.

이 세상은 내 집 아니니, 나는 지나가는 나그네라네

내 보화는 하늘 저편 어딘가에 쌓여 있다네

천사들이 천국의 열린 문에서 내게 손짓하네

나는 이 세상이 더는 편하지 않네

내 구주께서 나를 용서하셨으니

이제 나는 전진할 뿐이라오

비록 나는 약하고 가난하지만

그분이 내 길을 가르쳐주실 거라네

바로 저 영광의 나라에서 영원히 살 것이오

성도들이 사방에서 승리의 노래를 부르니

그 감미로운 찬양이 천국의 기슭에서 메아리쳐 오네

나는 이 세상이 더는 편하지 않네

오, 주님! 내게는 당신 같은 친구가 없네

주님, 천국이 내 본향이 아니라면, 어찌해야 하나요?

천사들이 천국의 열린 문에서 내게 손짓하네

나는 이 세상이 더는 편하지 않네

_앨버트 에드워드 브럼리(Albert E. Brumley, 1905~1977)

〈이 세상은 내 집 아니니〉

하나님을 닮는
거룩함을 갈망하라

모든 사람과 더불어 화평함과 거룩함을 따르라 이것이 없이는 아무도
주를 보지 못하리라 _히 12:14

성경은 우리에게 거룩함을 따르라고 특별히 명령한다. 거룩
함을 향한 열정이 늘 우리에게 있어야 한다. 거룩함을 추구하
는 한 가지 방법은 징계를 받아들이고, 우리 안에서 일하시는
하나님과 함께 일하는 것이다. 모든 의사는 환자가 의사의 조
언을 따르지 않을 때 환자를 치료하는 것이 얼마나 힘든지 잘
안다. 대개 의사들은 친절하고 환자들을 참을성 있게 대한다.

하지만 환자들이 그들의 말을 듣지 않을 때 기분이 어떨지 상상해보라. 여기 히브리서의 교훈은 하나님께서 우리를 위해 일하실 때 우리가 그분을 따라 함께 일해야 한다는 것이다.

거룩함은 하나님을 닮는 것을 의미한다. 우리가 하나님을 닮아야 하는 이유는 오직 그분만이 절대적으로 거룩하시기 때문이다. 그분의 거룩함은 절대적이지만, 다른 거룩한 존재들은 상대적인 차이를 보인다. 거룩한 천사들이 예수님과 함께 오리라고 성경이 밝히지만, 그 천사들의 거룩함의 근원은 그들 자신에게 있지 않고 다른 곳에 있다. 그들은 하나님의 영광을 반영할 뿐이고, 그것이 그들의 거룩함이다.

또 우리가 배운 것처럼 하나님의 거룩한 사람들은 '거룩한 영'(성령)의 감동을 받아 말씀을 전했다. 여기서 '거룩한'이라는 표현은 같지만, 성령의 거룩함은 창조되지 않는 절대적인 거룩함이다. 하나님의 말씀을 전한 거룩한 사람들의 거룩함은 그분에게서 나온 파생적 거룩함이다. 하나님은 "내가 거룩하니 너희도 거룩할지어다"(레 11:45)라고 말씀하셨다. 나는 그분이 "내가 거룩한 것처럼(만큼) 너희도 거룩할지어다"라고 말씀하시지 않은 것이 다행이라고 생각한다. 왜냐하면 그런 명령은 불가능하고 기운 빠지게 하고 낙심케 하는 계명 중 하나일 것이기 때문이다. 이 말씀의 요점은 "내가 절대적으로 거룩하니 너희는 상대적 의미에서 점점 더 거룩해져라"이다.

그렇다면 여기에서 '거룩한'이라는 말은 무엇을 의미하는가? 내가 볼 때 이 말에는 두 가지 측면이 있다. 둘 중 하나는 누군가 표현했듯이 '불가사의한 측면'이며, 다른 하나는 '도덕적 측면'이다.

거룩함의 불가사의한 측면

우선 거룩함의 불가사의한 측면을 생각해보자. 하나님이 스스로 존재하신다는 것은 불가사의한 일이다. 그분은 자신을 가리켜 '스스로 있는 자'(출 3:14)라고 말씀하셨다. 하나님의 본질은 우리가 상상조차 할 수 없다. 우리의 머리는 그분의 본질을 전혀 이해할 수 없다. 이것이 건전한 성경적 교리이다.

나는 깜짝 놀랄 만한 경험을 했다. 언젠가 내가 하나님의 불가해성(不可解性)에 대해 언급했을 때 어떤 이들이 반론을 제기했다. 그들은 내가 로마가톨릭교회 같은 데서 금방 뛰어나온 이단이라도 되는 듯이 나를 쳐다보았다. 그러나 사도 바울부터 현대 신학자들에 이르기까지 깊이 있는 신학자들이 하나님의 불가해성을 가르쳐왔다는 사실을 기억하자. 그들은 자기들이 쓸데없는 소리를 하는 것이 아님을 잘 알았다. 하나님은 우리가 이해할 수 없는 분이시다. 하나님을 이해할 수 없는 우리는 그분에 대해 분명히 말로 표현할 수 없다. 하나님은 '형언할 수 없는 분'이시라고 일컬어진다. '형언할 수 없는'이라는 말에는 '말할 수 없는'이라는 의미가 있다. 알 수 없다면 말할 수 없는 것이 당연하지 않은가?

하나님의 본질은 유일무이하다. 그분의 본질을 나눠가질 수 있는 다른 존재는 없다. 이것을 분명히 알아야 한다. 하나님의 본질은 유일무이하고, 그분의 본질을 나눌 다른 존재가 없다. 따라서 우리는 그분이 자신을 계시해주시는 만큼만 그분을 알 수 있다. 하나님께서 우리에게 자신을 계시해주셔야 한다. 왜냐하면 우리가 다른 방법으로는 그분을 알 수 없기 때문이다. 비슷한 존재들끼리는 서로를 알 수 있지만, 하나님은 다른 어떤 존재와도 비슷하지 않으시고 오히려 모든 피조물을 초월하여 유일무이하시다. 그렇기에 그분이 자신을 계시해주셔야만 한다.

하나님의 본질은 초자연적이다. 우리의 머리로는 그분을 이해할 수 없는데, 그것은 기이하고 초자연적이고 신비하고 인간의 모든 이해력을 초월한다. 그러나 그렇다고 해서 우리가 체험할 수 없는 것은 아니다. 하나님의 본질의 초월성에도 불구하고 그분은 우리에게 그분 자신을 알려주실 수 있다. 하나님은 사람들에게 그분 자신을 나타내실 수 있고, 실제로 구약 시대에 이스라엘 민족에게 그렇게 하셨다.

아담과 하와가 두려워하며 동산 나무 사이에 숨었을 때 하나님은 그날 바람이 불 때 그들을 보셨다(창 3:8). 하나님이 그분 자신을 그들에게 나타내셨을 때마다 그들은 그분을 이해하려 한 것이 아니라 체험하려고 했다. 이해할 수 없고 상상할 수 없고 형언할 수 없는 온전히 거룩하신 하나님께서 그분 자신을 사람에게 나타내셨을 때마다 사람들은 즉시 입을 닫고 실신하거나 도망하여 숨거나 "내 하나님이시여, 저는 깨끗하지 못한 자입니다"라고 소리쳤다. 또는 이 거룩한 하나님의 존전에서 "나여 망하게 되었도다"(사 6:5)라고 탄식하는 반응을 보였다. 하나님이 나타나셨을 때 사람들은 경악했고, 두려움에 사로잡혔고, 망연자실했고, 전율했다.

하나님을 만나는 거룩한 체험

내가 볼 때 오늘날 우리 교회와 대부분의 복음주의 교회에 없는 것이 바로 이런 체험이다. 지금의 신자들은 무엇이 어떻게 돌아갈지를 훤히 꿰뚫어 본다. 미동도 없이 침착하고, 앞일을 내다보고, 아주 자연스럽게 행동한다. 이런 교인들을 뒤흔들 유일한 방법은 교회에 부흥의 불이 일어나는 것이다.

"아브람에게 깊은 잠이 임하고 큰 흑암과 두려움이"(창 15:12) 임했을 때 그는 충격을 느꼈다. 바로 그런 충격을 우리에게도 주시기 위해 하나님이 찾아오시기를 나는 기도한다. 그분이 찾아오셔서 우리가 모세처럼 두려움에 떨도록, 에스겔처럼 엎드려 얼굴을 땅에 대도록 해주시기를 기도한다. 다메섹으로 가던 바울은 땅에 엎드려져 앞을 못 보게 되었고, 다메섹에 가서는 말도 못 하고 음식도 못 먹었다. 말로 들었으나 눈으로 보지 못했던 두렵고 놀라운 사랑의 하나님을 보았기 때문이다. 나는 하나님이 우리에게 찾아오셔서 바울과 같은 체험을 하게 해주시기를 기도한다.

사도 요한이 엎드려져 죽은 자같이 되었을 때 주님은 그에게 오른손을 얹으시고 "두려워하지 말라"(계 1:17)라고 말씀하셨다. 그분은 그가 엎드려질 수밖에 없다는 것을 잘 아셨다. 죄로 물든 피조물이 '창조되지 않은 완전한 거룩함'을 보았을 때 망치로 얻어맞은 것처럼 엎드려지는 것은 당연했다. 주님은 그런 그를 책망하지 않으시고 이해해주셨다. 연약한 요한

이 강하신 그분에게, 거룩하지 못한 요한이 하나님의 완전한 거룩함에 그렇게밖에 반응할 수 없음을 그분은 잘 아셨다.

성령께서 임하실 때마다 사람들이 초자연적인 신비를 체험했다는 것이 신약성경에 기록되어 있다. 성령께서 임하셨을 때 그들은 전에 알지 못하던 임재를 느꼈다. 이 임재는 세상에 속하지 않고, 형언할 수 없는 놀라운 것이었다. 고린도전서에서 바울이 인정하는 바에 따르면, 다는 아니더라도 고린도교회 교인들 중에 신령한 자들이 있었다. 그 신령한 자들 가운데 성령께서 임하셨고, 불신자들이 엎드려 "하나님이 참으로 너희 가운데 계신다"(고전 14:25)라고 고백하는 일도 가능했다.

이 신비롭고 놀라운 일이 오늘날 우리에게 일어나야 한다!

깨끗하게 되고 사랑으로 충만한 마음은 어떻게 반응할까? 그 마음은 우리의 중심이 되는 복된 삶을 발견하게 한다. 그리스도인의 삶에 비견할 만한 것은 없다. 그 삶은 인간이 발견할 수 있는 삶 중에서 가장 놀랍고 매력적이다. 그리스도인은 시적(詩的) 아름다움까지 느끼게 해주는 하나님의 위엄과 거룩함에 둘러싸여 있다. 하나님의 임재는 다윗의 손가락 끝에서 나오는 하프 소리처럼 신자의 마음 깊이 속삭인다.

부재중 하나님의 시대

그러나 오늘날 우리는 다른 개념을 갖고 있다. 내가 진정 말할 수 있는 것은 지금이 '부재중 하나님'의 시대라는 것이다. 많은 하나님의 사람들이 꼭 그분이 어딘가로 휴가를 떠나신 것처럼 행동한다. 보통의 그리스도인들은 대개 이런 현상에 대해 고민하지 않는다. 왜냐하면 하나님이 지금 이 자리에 계시지 않으면 자신에게 큰 요구를 하지 않으시리라고 생각하기 때문이다. 이는 사장이 자리에 없으면 사장 몰래 멋대로 할 수 있다고 생각하는 직원이 사장의 부재를 반기는 것에 비유할 수 있다.

가끔 하나님께 무언가를 얻어내야 할 때 보통의 그리스도인들은 그분을 찾기 위해 이곳저곳을 살핀다. 그러나 그분을 찾기 위해 여기저기 살펴야 한다면 뭔가 잘못된 것이다. 하나님은 실종되지 않았다. 하나님이 휴가를 떠나신 것도 아니다. 우리 삶 밖에 계신 것이 아니다. 하나님이 우리 삶에 계시지 않은 것처럼 살아가는 것은 그분이 우리를 위해 계획하셨던 그리스도인의 삶이 아니다.

이 점을 잘 보여주는 가장 황당한 경우는 그리스도인들이 모여 위원회를 만들고 하나님의 일을 어떻게 할지 의논하는 것이다. 내 친구여, 누구도 하나님의 일을 할 수 없다. 오직 그분만이 할 수 있으시다! 하나님께서는 하나님의 임재 훈련이 되어 있고, 그분의 일이 자연스럽게 흘러나오는 겸손한 그리스도인을 찾으신다. 하나님의 임재는 깨끗하고 사랑이 넘치는 마음을 가진 신자에게 일어난다.

하나님의 거룩함

그렇다면 이제 하나님의 거룩함에 대해 생각해보자. 하나님의 거룩함은 그분의 도덕적 특성이다. 우리는 그분의 거룩함을 좀 더 친밀하게 느끼고 이해한다. 그분의 거룩함에 대해 큰 두려움을 느끼지는 않는다. 그리스도인으로서 우리는 순수한 것에 이끌린다. 하나님의 본성은 말로 표현할 수 없이 순수하고 죄나 점이나 흠결이나 얼룩이 없다. 형언할 수 없는 순수함으로 완전히 충만하시다. 그분은 거룩한 하나님이시다. 그분에게 문제 될 만한 것이 전혀 없다고 언제나 확신해도 좋다. 그분에게 아무 문제가 없고, 그분이 거룩하시고 순수하시다는 것! 이것이 하나님을 떠올릴 때 가장 밑바닥에 견고한 기초로 자리 잡아야 한다.

지금 나는 우리 주 예수님이 십자가에 달리실 것을 예언한 시편 22편의 놀라운 구절이 생각난다. 예수님의 가족이 그분을 버렸고, 제자들도 그분을 버리고 도망했다. 예수님의 동족은 그분이 사형당해야 마땅하다고 판단했다. 그리고 로마인들은 그분을 공식적으로 처형했다. 예수님이 사람들에게 버림받아 십자가에 못 박히셨고, 의로운 분으로서 불의한 자들을 위해 죽으신 것은 우리를 하나님께 되돌리시기 위함이었다. 그분이 "바산의 힘센 소들이 나를 둘러쌌으며 … 나는 물같이 쏟아졌으며 내 모든 뼈는 어그러졌으며 … 내 혀가 입천장에 붙었나이다"(시 22:12,14,15)라고 기도하셨던 그 무서운 시간에 무엇을 하실 수 있었을까?

그 십자가 위에서 무신론자가 되실 수 있었을까? 하나님을 정죄하며 "나는 나에게 이렇게 하는 신이 존재한다고 믿을 수 없다"라고 말씀하셨는가? 그렇지 않다! 오히려 그분은 놀랍고 아름답고 중요한 일을 홀로 해내셨다. 소리 높여 이렇게 말씀하셨다. "당신은 거룩하시나이다. 오, 이스라엘의 찬송 중에 거하시는 당신은 거룩하시나이다. 그들이 나를 갈기갈기 찢고 내 몸을 밟아 땅속에 넣고, 온갖 고문을 한다 해도, 오 나의 하나님이시여, 내가 분명히 알고 동의하는 것이 한 가지 있나이다. 그것은 당신이 옳으시다는 것, 거룩하시다는 것,

거룩하시지 않을 수 없다는 것이나이다." 요한복음 3장 16절이 아니라 바로 이 말씀이 기독교를 떠받치는 기둥이다. 그렇다! 하나님은 거룩하시다. 그분이 행하시는 모든 것, 그리고 신약성경에 기록된 모든 아름다운 것은 이 진리의 큰 샘에서 흘러나온다. 그분은 거룩하시다.

하나님의 본성은 표현하기 힘들 정도로 순수하고 사람들을 움직였다. 주님의 순수함을 보자마자 베드로는 "주여 나를 떠나소서 나는 죄인이로소이다"(눅 5:8)라고 고백했다. 이사야는 "화로다 나여 망하게 되었도다 나는 입술이 부정한 사람이요"(사 6:5)라고 소리쳤다. 도덕적인 거룩함은 그릇된 것을 행하기보다 차라리 죽는 편을 택한다. 하나님이 옳으시므로 우리도 옳을 것이라는 사실은 영원히 바뀔 수 없다. 그렇다! 하나님이 거룩하시므로 우리도 거룩할 것이다. 이 거룩함을 추구하고 알며 마음에 품을 때 거룩함 가운데 거할 수 있고, 하나님과 동행할 수 있고, 불 안과 밖에 거하는 생물들과 동행할 수 있다.

오늘날 우리의 가련한 복음주의, 근본주의 기독교는 소위 '학문의 전당'으로 옮겨져 인류학 및 심리학과 마구 섞이고 있다. 이 두 학문이 이런 식으로 사용되고 있다. 사실 이것들은 기독교인의 삶의 특성을 묽게 하고 그 모습을 변화시켰다. 이 두 학문이 주님의 사람들이 어떤 사람들인지 설명해준다고 나서지만, 사실 이것은 신자인 우리에게 대단한 모욕이다. 그러나 하나님이 설명할 수 없는 세계로 그분의 백성을 옮기시면 그들은 능력으로 충만하게 될 것이다.

기적이 연속인 삶

미국의 위대한 복음전도자 D. L. 무디가 언젠가 잉글랜드의 한 도시에 가서 '무신론자 클럽'(atheist club)을 방문했다. 무디는 제대로 된 교육을 받지 못했고, 소년 시절 보스턴에서 조금 떨어진 곳에서 회심했을 뿐이었다. 무디는 무신론자 클럽에서 복음을 전할 거라고 알렸지만, 그곳의 모든 이들은 무디가 농담을 한다고 생각했다. 그러나 그 클럽의 회장과 회원들과 임원들 모두 그날 밤 집회에 모습을 드러냈다. 무디는 설교 본문으로 성경 한 절을 택했다. 나는 그가 그 성경 구절을 완전히 이해하지 못했다고 생각한다. 나는 지금까지 그 말씀을 제대로 이해하는 사람을 만나본 적이 없다. 하지만 어쨌든 그는 그 구절을 설교 본문으로 삼았다. "진실로 그들의 반석이 우리의 반석과 같지 아니하니 우리의 원수들이 스스로 판단하도다"(신 32:31). 이 구절의 뜻이 무엇인지 나는 모르지만, 아무튼 그는 이 말씀에 대해 설교했다.

무디는 다음과 같이 해석하여 말했다. "여러분이 어떤 반석을 의지하든 간에 그것은 우리의 반석과 다릅니다. 여러분 스스로 판단해보시기 바랍니다. 여러분은 마치 잎사귀 위에 앉아 있는 두꺼비처럼 여러분의 작은 반석, 곧 여러분의 작은 사암(沙巖) 반석 위에 앉아 있지만, 그 반석은 언젠가 무너질 것입니다. 그러나 우리의 반석은 여러분의 반석 같지 않습니다. 우리의 반석, 곧 만세 반석은 영원할 것입니다. 이제 여러분 스스로 판단해보십시오."

나라면 이 구절에서 이런 해석을 이끌지 못했겠지만, 무디는 그렇게 했다. 무디가 무신론자 클럽의 회장을 복음으로 초대했을 때 그가 상담실로 들어갔다. 그것은 무디의 논증에 굴복했기 때문이 아니라 그들 가운데 계신 신비롭고 놀라운 하나님의 임재에 이끌렸기 때문이다. 그가 물꼬를 트자마자 다른 이들도 줄지어 상담실로 들어갔고, 결국 그 클럽 사람들 전체가 회심하고 깨어져 무신론을 전하는 일을 그만두게 되었다. 이런 놀라운 일을 심리학자는 설명할 수 없다. 하나님이 하신 일이니 어찌 설명할 수 있겠는가?

사람들은 외계 생명체에 대해 자주 얘기하곤 한다. 지구를 공격하는 외계 생명체 말이다. 그런 생명체에 대해 이야기하려면 그들이 지구에서 태어났다는 가정하에 시작해야 한다. 그런데 그들이 지구에서 태어났다고 해도 그들의 시민권은 지구가 아니라 외계에 있다. 그들은 외계에 대한 생각이 가득하고, 외계에 희망을 둔다. 그들의 능력도 그곳에서 나온다. 그들의 모든 것이 외계에 뿌리를 두고 있다. 여기 지구에서 태어났지만 그들의 기원은 다른 세계에 있다. 지구에서 다시 태어났을 때 그들은 '다른 세계에서 온 생물'이 되었다.

여기서 우리는 큰 교훈을 배울 수 있다. 이 교훈은 우리의 회심 사건의 의미를 심리학으로 설명하려는 다른 온갖 시도들보다 더 효과적으로 설명해준다. 만일 어떤 사람이 회심을 설명할 수 있다면 그는 아직 회심하지 못한 사람일 것이다. 기독교는 기적의 연속이다. 멈출 줄 모르는 기적이다. 계속되는 기사(奇事)와 신비이다. 그런데 우리는 이런 기적을 맛보면서도 이 땅에 두 발을 딛고 분별 있게 살아간다.

이런 내 얘기를 받아들이지 않는 사람은 그분에게서 난 사람이 아니다. 이 세상에 태어난 아기는 음식을 달라고 동물처럼 특이한 소리를 내며 아우성친다. 마찬가지로 하나님나라에서 태어난 사람은 거룩함을 추구하는 본능이 있다. 만일 그런 본능이 없다면 거듭난 것이 아니다. 그가 거룩함이라는 단어를 잘못 사용했다가 혼쭐이 나서 이 단어를 사용하는 데 조심할 만큼 신학적 지식을 가졌다고 해도, 거룩함을 향한 갈망이 없다면 새로 태어난 사람이 아닐 것이다. 만일 당신이 새로 태어난 사람이라면 찰스 웨슬리처럼 이렇게 고백할 것이다.

예수님, 당신의 모든 승리의 사랑이
내 마음에 샘솟게 하소서
그리하시면 내 두 발이 하나님 안에 견고히 뿌리박아
더는 방황하지 않으리

오, 그 거룩한 불이 내 안에서
활활 타오르기를 원하네
더러운 욕망의 찌꺼기까지 다 태워주시고
정욕의 산들이 녹아내리게 하소서

지금 하늘에서 그 거룩한 불이 떨어져
내 모든 죄를 태워버리게 하소서

오소서, 성령이시여!

내게 꼭 필요한 태우는 영이시여, 오소서!

정하게 하는 불, 내 마음을 휩쓸고 지나가소서

내 영혼에 빛을 주소서

내 모든 부분에 당신의 생명을 채우시고

나를 거룩케 하소서

_찰스 웨슬리

믿음의 사람은
하나님이 다 책임지신다

내 영광이 지나갈 때에 내가 너를 반석 틈에 두고 내가 지나도록 내 손

으로 너를 덮었다가 _출 33:22

이 말씀은 성경 어디에서나 발견되는 지극히 매력적이고 아

름다운 장면 중 하나이다. 나는 이것이 그 장면들의 전형이라

고 말하고 싶지는 않지만, 놀라울 정도로 아름다운 하나의 예

이다. 이 말씀은 우리에게 설교하기보다 숨겨진 생명의 노래

를 들려준다. 이것은 믿음으로 숨겨진 생명이요, 반석 틈에서

피난처를 발견한 모세의 노래이다.

복음의 메시지는 확실하고 분명한 결과를 가져온다. 그 결과를 가능하게 하는 것은 하나님에 대한 믿음이다. 바로 여기서 많은 이들이 갈피를 잡지 못하고 헤맨다. 그 이유는 우리에게 믿음이 없어서가 아니라 우리가 믿음을 경시하기 때문이다. 믿음이 좋은 그리스도인에게 더는 유효한 교리가 아닌 것으로 여길 정도로 경시한다. 어떤 이들은 믿음이 사실을 보고 나서 도출한 결론일 뿐이라고 믿는다. 그러나 우리 스스로 만들어낸 믿음은 성경에서 말하는 믿음이 아니다.

성경적 믿음이 성령께서 믿고 순종하는 사람에게 주시는 것이라는 사실을 이해하지 못하면 믿음은 작동하지 않는다. 어떤 것이 성경에 기록되어 있다고 해서 그것이 내 마음속에 그대로 이루어지는 것은 아니다. 어떤 사람이 성경 구절을 줄줄 꿰어서 나열한 다음 그 구절들이 우리 생명의 일부가 되었다고 결론 내릴 수는 있을 것이다. 그렇지만 죄를 뉘우치는 마음속에 성령이 일하시지 않는다면 그 성경 구절들은 아무 의미가 없다.

믿음이 몇 가지 사실에서 도출한 일종의 지적(知的) 결론이라는 것도 완전히 틀린 말은 아니지만, 성경 계시의 가르침에 따르면 믿음은 하나님께서 사람들에게 주시는 선물이다. 성경적 믿음은 회개하는 사람이 성령의 능력에 의해 그리스도를 신뢰할 수 있는 영적 능력이다. 이런 사람이 아닌 다른 사람에게는 이 영적 능력이 주어지지 않는다. 성령이 주시는 믿음을 받은 사람은 즉시 불사(不死)의 나라 안으로 들어간다. 하나님의 나라 안으로 들어가 '선택받은 자들의 무리'에 속하게 된다. 이 무리는 요즘 우리 귀에 자주 들리는 '세계교회주의운동'(ecumenical movement)이 주장하는 기독교인들의 모임이 아니다. 그 이상이다. 하나님의 선택을 받은 자들의 무리, 즉 하나님나라의 백성이다. 어떤 사람이 그분의 나라 안으로 들어가면 나는 그를 '하나님의 감추어진 사람'(God's hidden man)이라고 부르고 싶다. 하나님은 "내가 너를 반석 틈에 두고… 덮었다가"(출 33:22)라고 말씀하셨다. 이것은 전형이 아니라 믿음의 감추어진 생명에 대한 아름다운 예증이다.

하나님께 매료된 사람의 특징

그렇다면 이제 이런 믿음의 사람의 몇 가지 특징에 대해 간단히 살펴보자.

우선 나는 믿음의 사람이 하나님께 매료된 사람이라고 말하고 싶다. 많은 사람이 이것에 대해 잘못 가르쳐왔다는 것을 잘 안다. 하나님께 매료된 사람은 기적의 한가운데에서 살아가며, 진정한 의미에서 성경적 신비가(神秘家)이다. 그는 온 세상이 하나님의 것이라고 느끼며, 그 사실에 동의한다.

세상 그 무엇도 하나님께 매료된 사람의 생명을 건드릴 수 없다. 지옥의 모든 문이 일렬로 서서 그를 대적한다고 해도 그에게 있는 평안은 어떤 적대적 상황도 초월한다. 성도들의 삶에 대한 기록을 읽어보라. 그리스도의 대의를 위해 순교한 사람들의 전기를 읽어보라. 그들은 목숨의 위협을 받을 정도로 적대적인 환경에서 살았지만, 그 무엇도 방해할 수 없는 기적의 한가운데서 살았다.

그리스도인이 어디에 있든, 어떤 환경 속에서 살든 그 무엇도 그를 해칠 수 없다. 구약에서 하나님께 매료된 사람을 꼽으라면 곧바로 욥이 떠오른다. 사탄은 욥을 해하고 싶어서 하나님께 불평했다. "주께서 그와 그의 집과 그의 모든 소유물을 울타리로 두르심 때문이 아니니이까 주께서 그의 손으로 하는 바를 복되게 하사 그의 소유물이 땅에 넘치게 하셨음이니이다"(욥 1:10).

하나님께 매료된 사람은 다른 이들이 기적을 보지 못하는 곳에서 기적을 본다. 기적이라는 것이 그들의 눈에는 자연과

물질과 형식 법칙들이 서로 충돌하는 것으로 보이지만, 그분의 참 자녀의 눈에는 기적으로 보인다. 그가 모래 알갱이 하나에서 하나님을 본다고 주장하더라도, 살랑이는 바람이나 포효하는 폭풍 속에서 그분의 음성을 듣는다고 주장해도 그것이 노망이나 정신이상의 징후는 아니다. 그는 하나님이 온 세상을 책임지고 계심을 안다. 그리고 자신이 하나님께 푹 빠져 있어서 안전하다는 것도 잘 안다.

당신도 기억하겠지만, 예수님의 때가 아직 이르지 않았다는 기록이 성경에 나온다. 예수님이 사역하시는 동안 누구도 그분을 해칠 수 없었다. 그분의 때가 아직 이르지 않았기 때문이다. 예수님은 특별한 권리를 가진 '하나님께 매료된 사람'이셨다.

구약은 하나님께 마음을 빼앗긴 사람들의 예로 가득하다. 구약의 선지자 중 아무 이름이나 말해보라. 그가 누구든지 하나님께 푹 빠져 있었음을 알게 될 것이다.

한 사람을 예로 들자면 엘리야를 들 수 있다. 왕은 엘리야를 포위망에 완전히 가뒀다고 생각했지만 바로 그때 엘리야가 사라졌다. 오직 하나님이 허락하셨을 때만 왕은 엘리야를 만날 수 있었다. 은혜롭게도 엘리야는 이 사실을 잘 알았다. 그는 적대적 세력에 둘러싸여 있으면서도 하나님께 푹 빠져 살았다. 왕이 자기에게 분노하고 있다는 것을 알면서도, 방금 말라버린 시냇가에 서 있으면서도 그는 해를 두려워하지 않았다. 왜냐하면 하나님이 계신다는 것을 알았기 때문이다.

다윗은 또 어떤가? 왕위에 오르기 전에 그는 마치 사냥꾼에게 쫓기는 짐승처럼 사울 왕에게 쫓겨 다녔다. 사울 왕이 알지 못했던 것은 다윗이 하나님께 사로잡힌 삶을 살고 있었다는 것이다. 그가 아무리 다윗 가까이 접근했더라도 결코 다윗을 해칠 수 없었다. 다윗이 사울에게 쫓기던 시절에 일어난 사건들을 읽으면 입이 딱 벌어질 정도로 놀랍다. 다윗이 어디에 있든지 누구도 그를 해칠 수 없었다. 다윗은 하나님께서 원하시는 곳에 있었기 때문이다. 그의 이런 고백은 절대 빈말이 아니었다. "내가 사망의 음침한 골짜기로 다닐지라도 해를 두려워하지 않을 것은 주께서 나와 함께하심이라 주의 지팡이와 막대기가 나를 안위하시나이다"(시 23:4).

다니엘도 하나님께 마음을 빼앗긴 사람 중 하나이다. 궁중의 모든 자들이 그를 대적했지만, 다니엘은 두려워하지 않았다. 하나님과 동행하는 삶을 포기하지 않았다. 왕이 그를 심판하여 사자 굴에 던지는 형벌을 내렸을 때도 다니엘은 그가 섬기는 하나님이 그와 무서운 사자들 사이에 서 계심을 알았다. 사자가 눈앞에 보이는 데도 평정심을 잃지 않았던 것은 하나님께 푹 빠져 사는 것이 무엇인지 알았기 때문이다.

이것은 하나님이 일하시는 방법을 보여주는 한 가지 예이다. 나는 이 같은 예를 교회 역사에서 얼마든지 찾을 수 있다. 그것은 하나님께 사로잡혀 살아가는 것이 얼마든지 가능하다는 것을 증명해준다. 누구나 하나님께 순종한다면 그분의 일을 끝내기까지 죽을 수 없다. 그런 사람이 하나님께 온전히 마음을 드린 사람이다. 만일 그가 하나님의 길을 떠나 스스로 택한 늑대들과 어울려 산다면 하나님의 뜻을 이루어드릴 가능성이 없다고 나는 믿는다. 그러나 그가 하나님이 보내시는 곳으로 가서 순종의 삶을 산다면, 죽음을 맞이할 준비가 될 때까지 안전하다. "이리 올라오너라"라는 주님의 말씀을 듣고도 5분 더 이 세상에서 살고 싶은 사람이 있겠는가?

하나님께서 변호해주시는 사람

믿음의 사람은 하나님께 매료된 사람으로서 큰 특권을 누리며 살 뿐만 아니라 그분의 보호를 받으며 살아간다.

나는 모세를 생각할 때 큰 힘을 얻는다. 그와 이스라엘 민족 사이에 문제가 생기거나 누군가 그를 해하려 할 때 셰키나

(shekinah, '하나님의 임재'를 뜻하는 히브리어) 구름이 임해 회막 앞에 섰다. 모세가 뒤로 물러서자 그를 둘러싼 살기등등한 사람들이 물러났다. 나무꾼이 큰 장작더미에 불을 붙여 불길이 맹렬히 타오를 때 사람들은 어둠 속에서 빛나는 나무꾼의 두 눈을 볼 수 있지만, 불길 주위에 퍼진 빛을 감히 통과하여 지나가는 사람은 없다.

성경은 이와 같은 경고들로 가득 차 있다.

"너를 치려고 제조된 모든 연장이 쓸모가 없을 것이라 일어나 너를 대적하여 송사하는 모든 혀는 네게 정죄를 당하리니 이는 여호와의 종들의 기업이요 이는 그들이 내게서 얻은 공의니라 여호와의 말씀이니라"(사 54:17).

일어나 대적하는 혀가 있다면 그것이 당신에 대해 진실을 말하는 혀인가? 진실을 말한다면 여호와께서는 그 혀를 정죄하지 않으실 테지만, 만일 진실을 말하지 않는다면 정죄하실 것이다. 그분은 "내가 너보다 앞서가리라"라고 말씀하셨다.

내가 아는 가장 위대한 설교자 중 하나는 노스캐롤라이나 주 출신의 남부 사람 L. D. 컴프턴(L. D. Compton)이다. 그가 경험한 것을 잘 정리해서 킹제임스성경(KJV)의 느릿하고 장중한 문체로 기록한다면, 우리는 과거에 사라진 신약성경의 한

장(章)이 새로 발견되었다고 착각할 것이다. 언젠가 그는 같은 도시에 사는 어떤 부자에게 이런저런 일로 고소를 당했다. 물론 그는 잘못한 것이 없었지만 그 부자는 그 도시에서 영향력 있는 사람이었다. 사람들은 컴프턴에게 "증인들을 내세워 변호하시지요"라고 조언했지만, 그는 "그럴 수 없습니다. 하나님이 허락하지 않으십니다. 그분은 내게 오직 기도하라고 하십니다"라고 대답하곤 했다. 그는 끝까지 기도만 했다.

법정에서 재판이 열리기 하루 전에 사람들은 이 불쌍한 설교자가 그 영향력 있는 사람을 상대로 승소할 가능성이 없다고 여겼다. 이 하나님의 사람은 하나님만 의지하며 기도했고, 결국 재판 날이 되었다. 그런데 재판이 시작되기 몇 시간 전에 이 설교자에게 한 통의 전화가 걸려왔다. 그 전화를 건 사람은 "이리로 내려와 지금 몹시 아픈 사람을 위해 기도해주십시오"라고 말했다.

이 설교자는 서둘러 그곳으로 갔다. 그런데 당신도 추측했겠지만, 그 아픈 사람은 바로 그를 고소한 사람이었다. 그는 침대 옆에 무릎을 꿇고 그 병자의 회복을 위해 기도했고, 그는 즉시 회복되었다. 그는 일어나 고소를 취하했고 모든 이들은 "하나님이 정말 기적을 일으키셨다!"라고 감탄했다.

어떤 사람이 자기 자신을 변호한다면 그의 변호인은 그 사람 혼자뿐이다. 그러나 그가 하나님께 변호를 맡겨드리면 하늘의 모든 권세를 가진 분이 그의 편이 되신다. 하나님의 도움을 받는 특권층에 속하게 된 사람은 하나님의 변호를 받게 된다.

하나님께 가르침을 받는 사람

"오직 은밀한 가운데 있는 하나님의 지혜를 말하는 것으로서 곧 감추어졌던 것인데 하나님이 우리의 영광을 위하여 만세 전에 미리 정하신 것이라"(고전 2:7).

이 말씀의 의미를 설명하기 위해 내가 언젠가 들었던 간증을 예로 들겠다. 교육을 많이 받지는 않았지만 깊은 영성을 가진 선한 형제 올슨은 그의 간증을 들려주었다. 젊었을 때 그는 지역사회에서 라디오를 통해 말씀 전파에 힘쓰는 설교자였다. 어느 날 어떤 사람이 그에게 전화를 걸어 "우리가 옥외에서 작은 모임을 하려고 하는데, 교외로 좀 와주실 수 있습니까?"라고 말했다.

그 전화를 받은 올슨은 그의 제안에 대해 깊이 생각하지 않고 받아들였고, 그저 기타와 찬송가를 챙겨 친구 한 명과 함께 모임 장소로 갔다. 마당에는 이미 차가 가득했고 집에는 사람들이 많이 모여 있었다. 사람들은 의자에 빙 둘러앉아 있었다. 그가 안에 들어서자 그들은 모르는 사람이 왔다는 듯이 그를 쳐다보았다. 하지만 그를 그곳에 보내신 분은 하나님이셨기 때문에 그는 찬송가를 나눠주고 기타를 연주하며 찬송을 부르기 시작했다.

그런 다음에 그는 함께 온 친구에게 간증을 부탁했고, 그 후에는 복음을 충실히 전하는 훌륭한 설교를 시작했다. 그는 설교를 끝내고 "예수님을 영접하실 분은 앞으로 나오세요"라고 초대했고, 그곳에 모인 이들이 다 앞으로 나와 무릎 꿇고 기도했다. 그들 중 많은 이들이 그리스도를 발견했다. 사역을 마치고 그가 찬송가를 챙겨서 차로 가는데 누군가 뛰어나와 "올슨 형제, 다시 와서 아픈 내 누이를 위해 기도해주시오"라고 부탁했다. 그가 "당신과 당신의 누이는 구원받았습니까?"라고 묻자 그 사람은 "아니요"라고 대답했다. 그는 "당신과 당신의 누이는 내가 누이의 회복을 위해 기도하기 전에 구원받을 것입니다"라고 말했다.

그는 그들을 그리스도에게 인도했다. 그가 아는 한, 그날 구원 얻은 사람 중 많은 이들이 몇 년이 지난 후에도 여전히 하나님과 동행하는 삶을 살았다. 그런데 그날 그가 차를 몰고 그 집을 빠져나와 어느 정도 달렸을 때 깜짝 놀랐다. 그 집은 그를 초대한 집이 아니었다! 집을 잘못 들어간 것이었다! 그 집에 모인 사람들은 넬슨 가문의 가족 모임에 온 사람들이었기 때문에 그가 올 거라고 아무도 생각하지 못했다.

이 사건은 내가 말하는 '하나님께 가르침을 받은 사람'이 무엇인지를 잘 설명해주는 예라고 할 수 있다. 올슨은 헬라어의 뿌리(어근)와 인삼 뿌리를 구별하지 못하는 단순한 사고의 소유자였지만, 하나님의 음성을 들으면 그분의 음성인 줄 아는 사람이었다. 주님은 하나님이 말씀하시는 것을 듣고 그 뜻대로 행할 만큼 단순한 사람을 잘 다루시어 그분의 뜻을 이루신 것이다! 감추인 사람은 분명 하나님께 가르침을 받는 사람이다. 왜냐하면 기도를 열심히 하며 영적 본능의 인도를 받기 때문이다.

얼마 전에 어느 암컷 개에 대한 이야기를 읽었다. 그 개는 동네를 돌아다니며 동네 사람 모두에게 사랑을 받았지만, 주인이 그 개를 키울 상황이 안 되었다. 주인은 대륙을 가로질러 4천 8백킬로미터 떨어진 곳에 그 개를 데려가 새 주인에게 넘겨주었고, 그 개에 대해서는 잊어버렸다. 그러나 놀랍게도 그 개가 21일 후에 다리를 절뚝거리며 옛 주인의 집으로 들어왔다! 그 개의 발바닥에서는 피가 났고, 몸은 만신창이가 되어 있었고, 말 그대로 뼈와 가죽만 남았다. 그 개는 문지방을 넘어와 바닥에 누워 올려다보더니 낑낑거렸다. 자기 집으로 다시 돌아온 것이다! 수천 킬로미터에 달하는 이름 모를 길을 걸어서 돌아오는 것이 어떻게 가능했을까? 그 누구도 모른다.

러시아에서는 사람이 길을 잃으면 자기가 길을 찾으려고 애쓰지 않고, 단지 말에게 "집으로 가자!"라고 말한 다음 고삐를 느슨하게 하고 바람에 맞서 몸을 버티면 말이 알아서 집을 찾아간다고 한다. 먼 도시에 있던 새가 어떻게 본래 살던 곳으로 돌아가는지 아는 사람은 없다. 바로 이와 같은 것이 영적 본능이다. 당신이 곤경에 처해 어쩔 줄 몰라 머리를 짜내지만 떠오르는 묘안도 없고, 도움이 될 만한 사람에게 걸려오는 전화도 없다. 그러나 당신은 결정을 내린다. 그 후 몇 년이 지났을 때 당신의 결정이 옳았다는 것이 증명된다. 어떻게 옳은 결정을 내리게 되었을까? 이 감추인 신비가 있다! 창세 전에 정해진 신비 말이다.

하나님은 말씀하고 계시고, 사람들의 머릿속에는 신비로운 지혜가 떠오르고, 그분은 그릇된 것을 버리지 않으면 자신을 피곤하게 하다가 결국 죽을 것이라고 말씀하신다. 그분이 우리 중 어떤 이들에게 다시 생명을 주시고 이 땅에서 조금 더 살게 하신다면 그들은 언젠가 할리우드에서 멀어지고, 철저한 세대주의에서 벗어나 하나님께 매료되고, 성령충만한 복을 받는 삶을 살게 될 것이다.

하나님이 먹이시는 사람

믿음의 사람의 또 다른 특징은 하나님께서 그를 먹이신다는 것이다.

"귀 있는 자는 성령이 교회들에게 하시는 말씀을 들을지어다 이기는 그에게는 내가 감추었던 만나를 주고 또 흰 돌을 줄 터인데 그 돌 위에 새 이름을 기록한 것이 있나니 받는 자 밖에는 그 이름을 알 사람이 없느니라"(계 2:17).

하나님이 먹이시는 이 사람은 영양과 힘을 얻기 위해 성령만을 의지한다. 그는 하나님께서 공급해주시는 '감추었던 만나'를 정기적으로 먹는다. 시냇가에 머물며 매일 까마귀가 전해주는 음식을 먹었던 엘리야를 기억하는가? 그러다 가뭄으로 시냇물이 말랐을 때 하나님은 엘리야를 어느 과부에게 보내셨다. 그 과부는 남에게 베푸는 것은 고사하고 자기와 자기 아들이 먹을 양식도 없다고 생각했다. 그러나 하나님은 그 과부가 엘리야를 먹이도록 이미 정해두셨다.

하나님이 지금 우리에게 바라시는 일을 할 힘을 얻고 실제로 그것을 이루어드리려면 '감추어진 만나'가 필요하다. 그런데 이 '감추어진 만나'는 하나님이 원하시는 곳에 있는 사람에게만 주어진다. 시냇물이 말랐는데도 엘리야가 계속 그곳에 머물러 있었다면 굶어 죽었을 것이다. 하나님이 보내시는 곳으로 갔기 때문에 엘리야는 그분이 먹이시는 사람이 되었다.

하나님께 특권을 받은 사람

믿음의 사람은 신비의 사람이다. 그는 하나님의 손길을 통해 특권층으로 사는데, 그의 삶은 너무 순수해서 육신의 눈으로 분석할 수 없다. 세상의 모든 정신과 의사와 정신분석가가 나선다고 해도 이 믿음의 사람을 해석하거나 이해할 수 없다. 그들은 인간의 생각과 그 작용방식은 이해할 수 있겠지만, 성령이 내주하시는 사람의 영(靈)이 이 세상에서 어떻게 일하고 활동하는지 알지 못할 것이다. 믿음의 사람은 신비 안에서 살아가기 때문에 분석할 수가 없다. 이 신비는 하나님께 특권을 받은 사람의 신비이다.

하나님께 특권을 받은 사람은 신비 안에 살아가면서도 그 사실을 모를 수 있다. 이성(理性)은 이 사람에게는 왕이 아니다. 종종 그는 겉으로 보기에는 별로 합리적이지 않은 일을 하도록 인도받기도 한다. 믿음으로 행하는 사람은 하나님의 임재 안에서 느낄 수 있는 신비와 기쁨의 분위기를 풍긴다.

하나님에 의해 부요하게 된 사람

"네게 흑암 중의 보화와 은밀한 곳에 숨은 재물을 주어 네 이름을 부르는 자가 나 여호와 이스라엘의 하나님인 줄을 네가 알게 하리라"(사 45:3).

만일 셰익스피어가 이 구절을 썼다면 '흑암 중의 보화'라는 말 대신에 '빛 중의 보화'라고 했을 것이다. '흑암 중의 보화'라는 말을 누가 생각해냈겠는가? 오직 하나님만이 생각해낼 수 있으셨다! 사람을 부요하게 하는 그분의 방법들은 틀림없이 사람의 방법들과 다르다. 그분은 '흑암으로, 네게 임한 고난으로 너를 부요케 할 것'이라고 말씀하신다.

복에 대한 하나님의 생각은 우리의 생각과 다르다. 우리의 머리 위에 복이 임하게 하시는 방법이 우리의 예상과 다른 것이 분명하다. 종종 하나님께서 복을 고난과 시련 속에 감추었다가 주시기 때문에 그 복이 실제로 우리에게 임할 때는 그만큼 더 달콤하다.

세 명의 히브리 소년, 사드락과 메삭과 아벳느고는 느부갓
네살의 풀무불 속에서 하나님의 복을 만나게 되리라고 예상하
지 못했다. 다니엘은 사자 굴속에서 하나님의 복을 만났다.
우리가 성경에서 볼 수 있는 믿음의 사람들은 인생의 시련과
고난 속에서 하나님의 복을 발견했다.

우리의 상상력을 최대치로 발휘한다고 하더라도 그들이 완
전한 사람이었다고 생각하기는 힘들다. 그들이 최우선으로
생각했던 것은 완전해지는 것이 아니라 순종하는 것이었다.
믿음의 사람이 '하나님의 복'으로 불리는 저 신비롭고 놀라운
곳에 이르려면 '순종 열차'를 타야 한다.

우리 하나님은 강한 성이요 뚫을 수 없는 방패시라

무서운 환난의 홍수 속에서도 우리를 돕는 자시라

우리의 옛 원수가 지금도 재앙을 쏟으려 하고

술책과 능력이 뛰어나고 지독한 증오로 무장했으니

이 땅에 그를 당할 자 없네

우리의 힘 의지하면, 능력자가 우리 편이 아니시면

하나님이 택한 분이 없으시면, 우리는 질 수밖에 없네

그분이 누구신가? 그 이름 바로 그리스도 예수시라

그분의 이름이 만군의 주, 대대로 동일하시니

반드시 이기리라

악귀들이 가득한 이 세상이 우리를 멸하려 해도 두려워하지 않으리니

우리를 통한 하나님의 진리의 승리가 확실하기 때문이라

어둠의 왕이 위협해도 겁내지 않고 그 광포를 이겨낼 수 있으니

보라, 그의 멸망이 확실하기 때문이라

말씀 한마디가 그를 넘어뜨릴 것이라

그 말씀은 세상 권세 의지하지 않고, 세상 모든 권세보다 높으니

우리 편에 서신 분을 통해 성령과 그분의 은사가 우리 것이라

재물과 친척이 떠나고 덧없는 인생도 지나가고

이 몸마저 저들이 죽여도 하나님의 진리는 살아서

그 나라 영원하리라

_마르틴 루터(Martin Luther, 1483~1546)

〈우리 하나님은 강한 성이요〉

믿음

초판 1쇄 발행	2025년 5월 20일
지은이	A. W. 토저
옮긴이	이용복
펴낸이	여진구
책임편집	안수경 김도연 박소영
편집	이영주 최현수 구주은 김아진 정아혜
책임디자인	노지현 | 마영애 조은혜 정은혜 남은진
홍보 · 외서	진효지
마케팅	김상순 강성민
제작	조영석 허병용
마케팅지원	최영배 정나영
경영지원	김혜경 김경희

303비전성경암송학교 유니게 과정
이슬비전도학교 / 303비전성경암송학교 / 303비전꿈나무장학회

펴낸곳   규장

주소   06770 서울시 서초구 매헌로 16길 20(양재2동) 규장선교센터
전화 02)578-0003   팩스 02)578-7332
이메일 kyujang0691@gmail.com   홈페이지 www.kyujang.com
페이스북 facebook.com/kyujangbook   인스타그램 instagram.com/kyujang_com
카카오스토리 story.kakao.com/kyujangbook
등록번호 1922-2461
since 1978.08.14

책값   뒤표지에 있습니다.
ISBN 979-11-6504-619-4   03230

규 | 장 | 수 | 칙

1. 기도로 기획하고 기도로 제작한다.
2. 오직 그리스도의 성품을 사모하는 독자가 원하고 필요로 하는 책만을 출판한다.
3. 한 활자 한 문장에 온 정성을 쏟는다.
4. 성실과 정확을 생명으로 삼고 일한다.
5. 긍정적이며 적극적인 신앙과 신행일치에의 안내자의 사명을 다한다.
6. 충고와 조언을 항상 감사로 경청한다.
7. 지상목표는 문서선교에 있다.

하나님을 사랑하는 자 곧 그의 뜻대로 부르심을 입은 자들에게는 모든 것이 合力하여 善을 이루느니라(롬 8:28)

Member of the
Evangelical Christian
Publishers Association

규장은 문서를 통해 복음전파와 신앙교육에 주력하는 국제적 출판사들의
협의체인 복음주의출판협회(E.C.P.A:Evangelical Christian Publishers
Association)의 출판정신에 동참하는 회원(Associate Member)입니다.